Das Buch

Eine Flachzange ist ein Werkzeug. Der Volksmund bezeichnet damit aber auch einen Menschen, der im Oberstübchen nicht sonderlich gut möbliert ist, sich seiner Einfalt jedoch nicht bewusst ist und auftritt, als sei er sehr bedeutend. Diese Differenz von Anspruch und Wirklichkeit mag hingehen, wenn diese Menschen kein Amt und keine Funktion haben. Wenn sie jedoch, wie nach 1990 massenhaft geschehen, in den Osten drängten und dort allein aufgrund ihrer Herkunft Immobilien, Unternehmen, Leitungs- und politische Funktionen an den Hals geworfen bekamen (oder mit krimineller Energie sich dieser bemächtigten), dann war das ein gesellschaftlicher Vorgang und keine lässliche Sünde. Klaus Huhn behandelt einige gravierende Fälle. Und zeigt, dass diese Flachzangen objektiv doch Werkzeuge waren: nämlich Instrumente einer bestimmten Gesellschaft.

Der Auto

Klaus Huhn, Jahrgang 1928, Berliner, seit 1945 publizistisch tätig. Er gehörte zur Gründergeneration der Tageszeitung Neues Deutschland *und war bis 1990 dort tätig, die meiste Zeit als deren Sportchef. Bis 1993 war er Vizepräsident des europäischen Sportjournalistenverbandes.*
Nach seinem Ausscheiden aus dem ND *gründete Huhn den spotless-Verlag und den spotless-Buchklub, die sich beide seit nunmehr fast zwei Jahrzehnten erfolgreich am Markt behaupten. Inzwischen erschienen weit über 200 Bücher bei spotless, darunter nicht wenige von Huhn selbst.*

Buch-Empf.   06.07.11   € 9,95

Klaus Huhn

Flachzangen
aus dem Westen

Sonderausgabe

Inhalt

Flachzangen aus dem Westen 6

Konstanze Kunze 7

Arnulf Baring 18

Axel Nawrocki 25

Jörg Schönbohm 33

Ingrid Biedenkopf 42

Wolfgang Fürniß 47

Christoph Stölzl 57

Friedrich Hennemann 64

Klaus Schucht, Wilfried Glock, Wolfgang Greiner . . 70

Giselher Spitzer 78

Eduard Friedrich Kynder 86

Franz von Putbus 91

Utz Jürgen Schneider 104

Michael Rottmann 110

Flach, flacher, kriminell 120

Flachzangen aus dem Westen

Wer diesen Buchtitel für eine gewagte Übertreibung halten sollte, wird eingeladen, ungeachtet dieses Verdachts weiterzulesen – vielleicht sogar bis zum Ende.

Hier soll kein Nachhilfeunterricht in jüngster Geschichte erteilt, sondern nur daran erinnert werden, was sich um 1990 in unseren Breitengraden tat: Die Mauer fiel, Fahnen wehten, Knallkörper erhellten den nächtlichen Himmel, Discounter schraubten ihre Namensschilder über HO-Leuchtwerbung.

Und dann erschienen »Nachhilfelehrer« in Scharen. Verzichten wir auf langatmige Vorreden, beginnen wir mit dem Erlebnis einer Frau, geboren als in Deutschland der Faschismus aufkam, groß geworden in der harten Nachkriegszeit und aufgewachsen in der DDR. Dass wir ihren Namen nicht preisgeben, obwohl sie seit einigen Monaten der grüne Rasen deckt, ist dem Umstand zuzuschreiben, dass die inzwischen natürlich längst erwachsenen und deshalb um ihre Arbeitsplätze bangenden Kinder inzwischen ein Alter erreicht haben, in dem jeder Ärger mit dem Arbeitgeber in die Hartz-IV-Grube führen kann.

Konstanze Kunze

Also nennen wir die Frau Konstanze Kunze und geben hiermit Wort für Wort preis, was sie mir erzählt hatte, als sie noch kerngesund war. Es muss nicht darauf verwiesen werden, dass ihr Bericht ein kleines Kapitel jener Legende ist, die der DDR das Etikett eines »Unrechtsstaats« anheften sollte. Konstanze Kunze gab zu Protokoll: »In der Partei? War ich nie! Dafür sorgte schon ein Nachbar, dessen Frau mit dem Dienstwagen zum Einkaufen abgeholt wurde. Es war noch so manches andere, was mich anstank. Ansonsten fand ich manches gut, was sich in der DDR tat. Eine meiner Töchter, Sybille, wollte um jeden Preis Restaurator werden. Ich weiß nicht, wer ihr diesen Floh ins Ohr gesetzt hatte, aber es war immerhin ein Ziel, und mir imponierte, mit welcher Energie sie es verfolgte. Sie lernte einen Kerl kennen, nicht viel wert. Wenn Sie mich fragen: ein Hallodri. Bald kam ein Kind. Der Typ machte sich aus dem Staub, aber Sybille war mit ihrer Susanne glücklich. Sie fürchtete nur, dass der Traum vom Restaurator ausgeträumt sein könnte. Aber sie bekam einen Krippenplatz und konnte ihr Studium fortsetzen.

Wenn ich heute höre und in Zeitungen lese, dass die Kinder dort gedrillt wurden, könnte ich ausrasten. Meine jüngere Tochter, die Beate, hat in einer Krippe gearbeitet, hart gearbeitet, und sich um die Kinder gekümmert, als wären es ihre eigenen. Wenn sie nach Hause kam, mussten wir uns alle geduldig anhören, dass Lutz wieder eingepullert, Liane statt Mittagsschlaf zu halten die ganze Bande mit Geplapper unterhalten und Jens Schnupfen, aber kein Taschentuch dabei hatte. Lassen wir das.

Mein Thema ist meine Tätigkeit als Schöffe. Das muss Ende der 60er Jahre gewesen sein, als jemand kam und mich fragte, ob ich nicht Lust hätte, da mitzumachen. Ich lachte nur: ›Über andere zu Gericht sitzen? Das fehlte mir noch!‹ Wie das aber damals so war: Der bekniete mich, kam mindestens noch dreimal. Am Ende sagte ich ›Ja‹, um ihn loszuwerden, und weil mein Mann auf einmal stolz darauf war, dass jemand seine Frau zu so was nutze fand. Er staunte, dass eine Verkäuferin Grips genug haben sollte, um im Gericht zu sitzen. Ich will ihn nicht schlecht machen, meinen Eberhard, aber ist es nicht oft so, dass die Männer zwar für die Gleichberechtigung sind, aber den eigenen Frauen das eine oder andere gar nicht zutrauen?

Also machte ich auf meine alten Tage noch eine juristische Karriere.

Es begann – wie alles in der DDR – mit einer Schulung. Aber ich muss sagen, dass sie interessant war. Keine öden Reden über den Sieg des Sozialismus, sondern Richter erzählten uns Beispiele, Staatsanwälte haben geredet, andere Schöffen, die schon länger dabei waren, sprachen über ihre Erfahrungen. Das fand ich recht interessant. Dann hatte ich meinen ersten Prozess. Man zeigte mir das Schöffenzimmer. Ich hatte mir extra eine dunkle Kostümjacke gekauft, weil sie gesagt hatten, dass ein geblümtes Sommerkleid nicht das richtige für den Gerichtssaal wäre. Wir bekamen Zeit, die Akten durchzulesen und uns mit dem Fall vertraut zu machen. Das erste Mal in meinem Leben blätterte ich in einer Gerichtsakte, las Vernehmungsprotokolle und was sonst noch alles dazugehört. In der Nacht vor dem ersten Termin träumte ich von Mord und Totschlag, sah Bilder aus Gerichtsfilmen, in denen sich Staatsanwälte und Verteidiger heftige Duelle geliefert hatten und die Geschworenen mit ratlosen Mienen im Beratungszimmer verschwunden waren. Ich hatte längst gelernt, dass es bei uns keine Geschworenen in solchen Verfahren gab, dass ich neben der Richterin sitzen würde, das Recht hatte, Fragen zu stellen und am Ende meine Meinung zu sagen.

Mein erster Fall war der Streit um einen Garten, den ein junger Mann bewirtschaftete, sich aber nicht genügend darum kümmerte. Das behauptete jedenfalls der Nachbar, aber der spekulierte auf das Grundstück und berief sich auf eine Bestimmung, nach der niemandem erlaubt sei, sein Grundstück verwildern zu lassen. Die Richterin – ich habe später noch viele Verfahren mit ihr erlebt – war eine sehr menschliche Frau, die sich aber in diesem Fall nicht recht schlüssig war, ob man nun dem jungen Mann den Garten wegnehmen sollte oder nicht.

Ich meinte, dass es am besten wäre, sich das Grundstück mal anzusehen. Zu meiner Überraschung war die Richterin von diesem Vorschlag angetan, und es wurde ein Lokaltermin angesetzt. Dort wurde uns allen schnell klar: Der Nachbar wollte sich eine Zufahrt zu seiner Garage anlegen und brauchte dafür ein Stück des Gartens.

Der junge Mann hatte wirklich so gut wie nichts gemacht – das Unkraut stand uns bis zu den Knien. Seine Erklärung, dass er die Natur liebe wie sie sei und er einen ›Bio-Garten‹ anlegen wolle, war vielleicht eine Ausrede. Aber da wurde mir klar, wie schwer es vor dem eigenen Gewissen war, ein gerechtes Urteil zu finden: Meinte es der junge Mann nicht vielleicht doch ernst mit seinem Garten ohne abgezirkelte Beete? Und war dem Nachbarn nicht nur jedes Mittel recht, um zu seiner Garagenzufahrt zu kommen?

Als wir berieten, waren der andere Schöffe und die Richterin dafür, zugunsten des Garagenbauers zu entscheiden. Ich trug meine Bedenken vor, wir diskutierten. Dann erging das Urteil: Man ließ dem jungen Mann den Garten.

Übrigens: Die Richterin war von der SED-Kreisleitung angerufen worden, weil der mit der Garage sich dort beschwert und behauptet hatte, der Junge sei ein ›Assi‹, aber die Richterin beeindruckte das nicht weiter.

Ja, ich kann guten Gewissens behaupten, dass wir nicht ein einziges Urteil fällten, weil uns – um es mal vorsichtig auszudrücken – jemand empfohlen hatte, so oder so zu entscheiden. Vielleicht war das in den politischen Verfahren anders. Das weiß ich nicht, aber wir haben nach den Gesetzen und mit gesundem Menschenverstand entschieden. Die Richterin hat mehr als einmal zu mir gesagt: ›Wir legen auf Ihren Rat wirklich Wert, denn Sie kommen aus der Praxis!‹

Ein anderes Mal hatten wir ein Malerehepaar vor Gericht – Kunstmaler meine ich, keine Stubenmaler –, die waren geschieden und hatten sich nicht über das Geld einigen können. Das Verfahren zog sich ewig hin. Die Frau behauptete dies, der Mann das. Zum Beispiel: Angeblich hatte der Mann für den Sohn keine Alimente gezahlt. Der Junge, so etwa 13 Jahre alt, saß dabei, und ich schlug vor, ihn zu befragen. Er gab zu, dass er das Geld vom Vater genommen und der Mutter nichts davon gesagt hatte. Ich erinnere mich jetzt oft dieses Falles, weil es heute meist den Ausschlag gibt, wer den besseren Rechtsanwalt hat.

Einmal hatten wir ein Verfahren gegen einen Autofahrer, der ein Kind überfahren hatte. Die Großmutter hatte die Katastrophe aus dem Fenster mit ansehen müssen. Der Fahrer wurde von einem Anwalt aus Berlin vertreten. Der redete endlos und drei Tage und beschwor uns, sein Mandant würde ohne Führerschein seinen Arbeitsplatz verlieren. Er plädierte deshalb dafür, ihm den Führerschein nur für ein Jahr zu entziehen.

Die Richterin gab in der Beratung zu bedenken, dass immerhin die Existenz des Mannes auf dem Spiel stünde, aber da widersprach ich energisch: Die Eltern würden ihr Leben lang ihrem Kind nachtrauern! Nicht vorstellbar, wenn sie in einem Jahr dem Mann wieder am Lenkrad begegnen würden. Fünf Jahre Führerscheinentzug lautete mein Vorschlag, und der wurde dann auch angenommen.

Der Anwalt schnaubte vor Wut, und sein Mandant tobte mit ihm. Mir imponierte das nicht: Wer selber Kinder hat, weiß, was es bedeutet, eines begraben zu müssen.

Dann kam die Wende. Mir schwante, dass ich nicht mehr gebraucht werden würde, aber eines Tages dachte ich mir, vielleicht solltest du doch mal nachsehen, was im Gericht los ist. Ich fuhr in die Kreisstadt. Die Sekretärin der Richterin saß unten in der Pförtnerloge und freute sich, mich wieder zu sehen. Ich fragte nach der Richterin. ›Die haben sie erst woanders hingeschickt, dann nach Hause, wenn ich richtig gehört habe. Sie soll dort warten, bis sie überprüft ist, das dauert eine Weile.‹

›Und die Schöffen?‹

›Die sind auch nicht mehr im Amt. Es sollen demnächst neue gewählt werden.‹

Ich wollte wenigstens einen Blick ins Schöffenzimmer werfen, wo wir immer gesessen hatten.

›Das gibt's nicht mehr‹, erfuhr ich, ›da sitzt jetzt die Sekretärin vom neuen Chef‹.

›Kenne ich den?‹

›Wo denken Sie hin, das ist ein Wessi. Soll ein hohes Tier von drüben sein. Kommt aus Köln.‹

Ich schüttelte der Sekretärin die Hand und hatte das Gefühl, dass ich sie nicht wiedersehen würde. Aber es dauerte nicht lange, da rief mich jemand an und fragte, ob ich bereit wäre, im Kreistag als Schöffe zu kandidieren, auf der Liste der PDS.

›PDS?‹ fragte ich und war baff. ›Was habe ich mit der PDS am Hut? Mit denen will ich nichts zu tun haben! Da denken die vielleicht, ich war mit denen früher schon zugange!‹ Nee, das wollte ich auf keinen Fall.

Sie haben mit mir geredet, wie mit einem kranken Schimmel und mir auseinanderposamentiert, dass jede Partei Schöffen zu nominieren habe. Ich sei doch schon Jahre dabei und hätte einen blendenden Ruf. Viele Leute wären so angetan von mir gewesen. Ich fragte vorsichtshalber, ob ich etwa dann auch zu den Versammlungen der PDS gehen müsste oder Beitrag bezahlen oder sonst noch was. ›Davon ist nicht die Rede‹, sagte man mir.

Also erklärte ich mich ein zweites Mal bereit, zumal mein Mann meinte, es sei doch egal, von welcher Partei ich vorgeschlagen würde, die nehmen sich alle nichts. Und ich wurde gewählt und stand eines Morgens wieder vor der Pförtnerloge. Sie können sich nicht vorstellen, wie die da drin sich gefreut hat!

Bald darauf kam mit der Post die Einladung zur ersten Verhandlung: Jugendstrafkammer. Allerdings hatten sie vergessen, die Uhrzeit hinzuschreiben. Gewissenhaft wie ich nun mal bin, rief ich am Vortag an. Das war ein Riesentheater, denn die hatten alle neue Nummern. Hartnäckig, wie ich bin, erwischte ich am Ende sogar den Mann aus Köln. Der sagte: ›Neun Uhr! Schön, dass Sie anrufen, ich freue mich schon darauf, Sie kennenzulernen.‹ Das klang so freundlich, dass ich bei mir dachte: ›Was die immer gegen die Wessis haben.‹

Dann lernte ich ihn kennen. Imposante Erscheinung, ein Mann in den besten Jahren, Maßanzug, Maßhemd, Rasierwasser, das man in der Nase behält, dazu höflich und entgegenkommend: ›Nehmen Sie doch Platz!‹

Kaum saß ich, eröffnete er mir – immer noch die Freundlichkeit in Person: ›In Zukunft wird hier natürlich alles ganz anders.‹

Mir lag eine Bemerkung auf der Zunge, aber ich schluckte sie herunter. Stattdessen fragte ich vorsichtig nach dem Schöffenzimmer und nach den Akten.

›Akten?‹ fuhr er hoch. ›Auch das ist vorbei, keine Akteneinsicht mehr! Wie wollen sie denn ohne Vorurteil urteilen, wenn sie den Fall schon kennen?‹

Ich hielt den Mund, obwohl ich nicht einsah, warum ich mir nicht vorher ein Bild machen sollte, worum es eigentlich ging. Er schien meine Zweifel zu ahnen und erklärte mir: ›Das war ungesetzlich, Sie die Akten einsehen zu lassen. Eine dieser typischen Unrechtsregeln.‹ Ich dachte: Wenn der sich noch fünf Minuten so aufspult, mache ich den Abgang. Und ich fragte, da es Zeit für die Verhandlung war, nach dem anderen Schöffen.

Der Landgerichtsdirektor sah auf die Uhr: ›Sie haben Recht, es ist neun Uhr. Da wollen wir mal gleich ein Exempel statuieren!‹ Er griff nach dem Telefon und rief nach der Sekretärin. Das war eine neue, die ich noch nie gesehen hatte.

›Name des zweiten Schöffen‹, schnarrte er, und der Ton gefiel mir gar nicht.

Sie sah auf eine Liste und nannte den Namen eines Mannes, den ich gut kannte. Wir hatten mehrere Amtsperioden zusammen in einer Familienrechtskammer gesessen.

›Der Mann wird wegen nicht rechtzeitigen Erscheinens mit einer Geldbuße belegt – hundert Mark! Notieren Sie den Fall.‹

Bevor die Sekretärin verschwand, fragte ich: ›Hatten Sie ihm denn die Uhrzeit exakt mitgeteilt?‹

›Ich?‹ fuhr er mich nun an. ›Sie sind doch auch pünktlich erschienen!‹

Der Mann ging mir langsam auf die Nerven. Das war nicht der Ton, in dem wir früher miteinander verkehrt hatten.

›Erinnern Sie sich nicht, dass ich Sie gestern angerufen habe?‹ fragte ich. ›Das hat mich alles in allem 1,20 DM gekostet. Bei 680 DM Rente merkt man sich so eine Summe schon. Und verpflichtet war ich dazu nicht. Früher stand nicht nur das Datum auf der Einladung, sondern auch die Uhrzeit, und zwar sehr präzise.‹ Ich hatte meine Geduld nicht mehr im Zaum und sagte noch: ›Wenn es das sein sollte, was sich ändert, dann weiß ich nicht so recht …‹

Die Sekretärin verzog keine Miene, stierte nur auf ihren Block.

›Also nicht exakt eingeladen?‹ fuhr er sie an.

Sie hatte wenig Lust, sich den Schwarzen Peter zuschieben zu lassen. ›Hatten Sie die Uhrzeit angesagt? Wenn ja, bitte ich um Nachsicht!‹, sagte sie schnippisch.

Er wurde unsicher und gab erst mal Weisung – wie nebenbei –, die Sache mit dem Bußgeld zu streichen. Dann kam er ins Grübeln. Woher jetzt einen zweiten Schöffen nehmen? Er ließ nach der Telefonnummer des anderen Eingeladenen suchen.

Die Sekretärin kam wieder: ›Hat kein Telefon!‹

Es war nach zehn Uhr, als er einen erwischte, der eine knappe Autostunde entfernt wohnte und zu Hause war, weil er seine Arbeit verloren hatte.

Um halb zwölf konnten wir endlich beginnen. Aber es war nur einer der beiden Angeklagten erschienen. Es handelte sich um zwei 19-jährige Autoknacker, die gestohlene Autos in Klump gefahren hatten. Die Besitzer verlangten natürlich Schadenersatz. Der Chef aus Köln eröffnete. ›Den zweiten Angeklagten polizeilich vorführen lassen!‹ donnerte er in den Saal und vertagte auf ein Uhr. Ich beugte mich zu ihm hinüber. ›Die Polizei wird nicht viel unternehmen, wenn sich herausstellen sollte, dass die Ladung nicht rechtzeitig erfolgte, 14 Tage war bei uns die Frist.‹

Gnatzig wühlte er sich durch die Blätter. Er fand die Vorladungen. Sie waren vor vier Tagen herausgegangen. Er trennte das Verfahren ab. Ich sagte nichts mehr.

Endlich ging es los. Den anderen Schöffen hatte er mit dem Hinweis begrüßt, dass jetzt alles ganz anders wird. Der Richter befragte den Angeklagten – ein Flegel, dem unsere Richterin mit Sicherheit gesagt hätte, er möge die Würde des Gerichts achten, wenn er keinen Ärger haben wollte –, ob er im Elternhaus groß geworden sei oder in einem der Kinderheime.

›Kinderheim?‹ fragte der Autoknacker gelangweilt, ›Keen Kinderheim. Krippe, Kindergarten, Schulhort …‹

›Das meinte ich, man beherrscht dieses Vokabular noch nicht, muss es ja auch nicht.‹ Und zu mir gewandt: ›Ein Wunder für Sie? Typisch: kein Elternhaus, keine Nestwärme! Das kommt dabei heraus …‹

Dass ich in diesem Augenblick den Mund gehalten habe, ärgert mich heute noch. Das ging auch gegen meine Beate!

Am Ende kamen zwei Monate auf Bewährung heraus, und als die Autobesitzer wissen wollten, wer ihnen den Schaden ersetzt, wurden sie darauf hingewiesen, dass ihnen der Weg der Zivilklage offenstünde.

Auf dem Flur fragte mich der andere Schöffe: ›Und?‹

›Typisches Wendeurteil‹, antwortete ich.

Da fuhr der zwei Schritte vor uns gehende Landgerichtsrat herum, starrte mich an und sagte: ›Was meinten Sie?‹ Ich grinste: ›Nichts, es war für uns sehr aufschlussreich, wir haben viel gelernt.‹

Das glaubte er und war zufrieden mit sich.

Bald darauf fand eine Schöffenschulung statt. Der Landgerichtsrat leitete sie. Er begann damit, dass sich nun vieles ändern werde – das kannte ich ja schon – und appellierte an uns, dass wir mithelfen sollten, der Gerechtigkeit endlich zum Sieg zu verhelfen, damit die Menschen in den neuen Bundesländern auch verstünden, dass sie froh sein dürften, endlich richtiges Recht kennen zu lernen. (Die Vokabel ›Unrechtsstaat‹ war noch nicht im Umlauf.)

Niemand klatschte.

Mir war nicht entgangen, dass er mich schon beim Betreten des Saales wahrgenommen hatte, und plötzlich sprach er mich direkt an: ›Die ersten Verfahren habe ich ja schon mit Schöffen von hier durchgeführt. Frau Kunze wird Ihnen bestätigen können, dass wir uns gleich glänzend verstanden haben.‹ Er log frech weiter: ›Sie hat mir auch bestätigt, dass sie ein völlig neues Rechtsempfinden kennengelernt hat.‹

Und dann fuhr er dreist und selbstherrlich fort: ›Allerdings muss hier einiges noch korrigiert werden. Ich habe durch Zufall erfahren, dass die Schöffen von den Parteien vorgeschlagen worden sind. Das geht natürlich nicht. Die Namen der Schöffen müssen in ihren Wohnorten ausgehängt werden, und wenn kein Widerspruch erfolgt, werden sie bestätigt. Damit Sie mich nicht missverstehen: Ich weiß nicht, von welcher Partei Frau Kunze nominiert worden ist.‹ Man hörte heraus, dass er es sehr gut wusste. ›Allerdings habe ich auch erfahren – durch einen reinen Zufall, ganz nebenbei, denn jetzt sind ja alle Daten streng geschützt –, ja da ist mir aufgefallen, dass Frau Kunze schon zwölf Jahre als Schöffe tätig ist. Nach bundesdeutschem Recht ist das eben so wenig zulässig wie die Wahl durch die Parteien. Damit Sie mich nicht falsch verstehen: Ich mache Ihnen keinen Vorwurf. Woher sollten Sie das auch wissen? Aber jetzt sollen doch endlich Recht und Gesetz einkehren.‹

Es kann sein, dass ich nicht sehr fröhlich dreinblickte. Er beeilte sich zu versichern, dass er mit mir als Schöffe sehr zufrieden gewesen sei und bat mich zu bestätigen, dass ich auch zufrieden gewesen sei. Ich begnügte mich damit zu nicken.

Bald darauf kam ein Brief, dass man vorerst keine Verwendung mehr für mich habe, weil alle Jugendstrafsachen vom Kreisgericht Land zum Kreisgericht Stadt gegeben würden. Man käme – wenn dort Bedarf sein sollte – eines Tages auf mich zurück.

Was aus der Richterin geworden ist, weiss ich. Ich traf sie eines Tages im Bus, und als ich sie fragte, ob sie noch im Amt sei, hob sie nur die Schultern und sagte: ›Abgewickelt, was sonst? Jetzt habe ich Zeit für meine Enkel!‹

Mein Mann überredete mich, einen Brief an Ministerpräsident Stolpe zu schreiben – damals lebte ich noch vor den Toren Berlins, und der Altbesitzer, der uns später von Haus und Hof vertreiben würde, war noch nicht aufgetaucht – und gegen die Schöffen-Abwicklung zu protestieren. Mein Mann half mir, denn er kann gute Briefe schreiben. Und zur Ehre des Ministerpräsidenten sei gesagt, dass er mir sogar antwortete. Wenn es jemanden interessiert, müsste er nur in Stolpes Briefmappe in der ersten Januarwoche 1991 nachsuchen. ›Es ist wichtig, dass beim gegenwärtigen Aufbau unseres Landes alle Menschen, die dazu bereit sind, über Parteigrenzen hinweg zusammenarbeiten.‹

Wörtlich Stolpe. Allerdings konnte er dem nur eine Hoffnung hinzufügen: ›Ich hoffe, dass Sie und Ihre Frau, von deren bisherigem großen Engagement Sie geschrieben haben, den Platz finden, an dem Sie an dieser gemeinsamen Aufgabe mitwirken können. Mit freundlichen Grüßen und guten Wünschen für das neue Jahr.‹

Es wurde ein ›gutes‹ Jahr: Wir verloren beide unsere Arbeit, und der Altbesitzer vertrieb uns aus dem Haus, in dem wir 35 Jahre gewohnt und es gepflegt hatten. An ›Mitwirken‹ war da ebenso wenig zu denken wie im Fall der Richterin, die sich um die Enkel kümmerte!«

Arnulf Baring

Wen interessiert, was sich nicht nur in den Gerichtssälen tat, sondern vor allem in den Betrieben der DDR, könnte sich vom Spiegel, Ausgabe vom 14. Januar 1991, ins Bild setzen lassen. Das Nachrichtenmagazin hatte umfassend berichtet, was sich im Büro des Hamburger Wirtschaftsprüfers Otto Gellert zugetragen hatte.

»In dessen Büro am Hamburger Rathausmarkt ging es zeitweilig zu wie bei einer Partnervermittlung. Treuhand-Vorstand Wolfram Krause las von einer langen Liste einen Firmennamen vor, und Rohwedder fragte: ›Wer kennt einen, der dazu passt?‹

Spontan ließen sich die meisten […] telefonisch angesprochenen Managerpensionäre reaktivieren, darunter Spitzenleute wie Wolfgang Oehme (Esso), Karlheinz Bund (Ruhrkohle), Herbert Gassert (BBC) und Wilhelm Scheider (Krupp). Der vor einem halben Jahr aufs Altenteil gewechselte Werner Lamby, Ex-Chef des Misch-

Arnulf Baring, Stammgast in den Fernseh-Talkshows auf allen Kanälen

konzerns VIAG, übernahm den Aufsichtsratsvorsitz der Stickstoffwerke AG Wittenberg-Piesteritz, Hanns Arnt Vogels, bei MBB früher mit Airbus und Raketen beschäftigt, kümmert sich nun um den Computer-Hersteller Soemtron, einstmals Teil des Kombinats Robotron. […] Nicht nur aus Ehrgeiz waren viele Westmanager bereit, im Osten auszuhelfen. Der 51-jährige Arend Oetker aus Bad Schwartau in Schleswig-Holstein ist seit Monaten arbeitslos. […] In ihrer Not nominierten die Treuhänder vom Berliner Alexanderplatz auch Westmanager, die wegen Unfähigkeit aus ihren Ämtern gejagt wurden. […] Der frühere KHD-Chef Bodo Liebe, der den Kölner Konzern bis an den Rand des Konkurses gemanagt hatte, soll nun die Schwermaschinenbau AG Wildau mit 3.000 Beschäftigten vor dem Untergang retten.

Pensionierte Politiker fanden […] ebenfalls eine neue Aufgabe. Dass sie für den Job qualifiziert sind, bezweifelt nicht nur der Düsseldorfer Firmenberater Carl Zimmerer. Ex-Finanzminister Hans Apel soll die Energiewerke Schwarze Pumpe kontrollieren, Niedersachsens früherer Ministerpräsident Ernst Albrecht die Eisen- und Hüttenwerke Thale. […] Viele der neuen Räte haben sich auf eine langjährige Tätigkeit eingerichtet, und sie wollen im Osten als Sanierer ihren späten Ehrgeiz befriedigen.«

Aber nicht nur die Manager rotierten. Auch die Ideologen wurden aktiv. Hier zur »Einführung zum Thema DDR« die Vorstellung von Gedanken und Thesen Arnulf Barings – auf seiner eigenen Website präsentierte er sich als »von Haus aus Jurist« und »seit Jahrzehnten als Historiker und Publizist« tätig. »Das Regime hat fast ein halbes Jahrhundert die Menschen verzwergt, ihre Erziehung, die Ausbildung verhunzt. […] Ob sich heute einer dort (*in Ostdeutschland – K. H.*) Jurist nennt oder Ökonom, Pädagoge, Psychologe, Soziologe, selbst Arzt oder Ingenieur, das ist völlig egal. Sein Wissen ist auf weite Strecken völlig unbrauchbar. […] Viele Menschen sind wegen ihrer fehlenden Fachkenntnisse nicht weiter verwendbar.« Das schrieb er 1991 in seinem Buch »Deutschland, was nun?«

Soviel fürs Erste, um dem in der DDR aufgewachsenen Bürger einmal mehr wissen zu lassen, dass er ein sinn- und nutzloses Leben hinter sich hat und warum es gar keine andere Lösung gab, als 1990 nicht nur jenen Richter nach Potsdam zu schicken, der Konstanze Kunze als Schöffin erst belehrte und dann eliminierte, sondern danach noch Regimenter von besserwissenden »Fachleuten« gen Osten in Marsch zu setzen – und keineswegs nur Richter.

Noch ein Dutzend Jahre nach jener haltlosen Behauptung des irgendwo redlichen Stolpe stellten die Ostdeutschen 0 Prozent der Bundesrichter der Bundesrepublik Deutschland, 3,2 Prozent der vorsitzenden Richter in Ostdeutschland und 10,6 Prozent der überhaupt in Ostdeutschland tätigen Richter. Alle anderen waren »Einwanderer«.

Damit niemand zum Kopfrechnen gezwungen wird: 100 Prozent der in den Ostgebieten tätigen Bundesrichter kamen aus dem Westen, 96,8 Prozent der vorsitzenden Richter und 89,4 Prozent der überhaupt tätigen Richter!

Noch drastischer waren die Zahlen in der Armee: Generale: 0 Prozent (irgendwann verwies man auf eine ostdeutsche Alibi-Generalärztin), Obristen: 0 Prozent, und gerade mal 9,7 Prozent der Oberstleutnante stammten aus dem Osten.

Um Barings Behauptung zu »erhärten«: Unter den Vorstandsvorsitzenden der ostdeutschen Unternehmen, die an der Börse notiert sind, waren so wenig Ostdeutsche wie unter den Generalen. Der Anteil der Rektoren an den Universitäten und Hochschulen lag bei 19 Prozent, jener der Intendanten der im Osten ansässigen Fernsehanstalten der ARD bei 0 Prozent!

Logische Folge: 100 Prozent der Generale, 100 Prozent der Fernsehintendanten und 100 Prozent der börsennotierten Unternehmen waren eingeflogen worden.

Noch einmal Baring dazu, denn er sorgte auch ein Dutzend Jahre nach seinen ersten Urteilen noch für den »Kammerton A«, wenn es um die »ostdeutsche Gesellschaft« ging. 2002 verkündete er in Potsdam auf dem 11. Wirtschaftsforum: »Die neuen Bundesländer bieten insgesamt ein wenig hoffnungsvolles Bild. […] Die Abwanderung vor allem begabter, tatkräftiger junger Leute hält immer noch an. […] Es gibt viele kleinere Orte, in denen man kaum noch Kinder sieht. Ein Landrat in Brandenburg sagte mir, die Schulbusse begännen ihre Tour wegen der geringen Kinderzahl um 5.30 Uhr früh. Das bedeutet: die Schüler müssen schon um 4.30 Uhr aufstehen – was an sich schon ein Grund zur Abwanderung ist. Zwar hat der Bund alte Stadtkerne vorzüglich saniert und restauriert. Aber es gelingt nicht, die Bewohner aus den Plattenbausiedlungen zum Umzug in die früheren Zentren zu bewegen. Sie fühlen sich dort wohl, wo sie jetzt sind. Weshalb sollten sie Freude an einem Renaissance-Erker oder einem Barockportal empfinden? Man hat sie nie gelehrt, dass dergleichen schön und für das Selbstgefühl der Bewohner wichtig ist. […]

Dazu müsste es eine massive Zuwanderung mittelständischer Familien aus dem Westen geben, eine neuartige, friedliche Ostkolonisation. […] Eher ist in den kommenden Jahren und Jahrzehnten mit einer begrenzten Zuwanderung aus Polen, auch aus Tschechien in entvölkerte deutsche Gegenden entlang der Oder-Neiße-Grenze zu rechnen. Das könnte an sich einen Entwicklungsschub auslösen. Aber es ist nicht zu übersehen, dass aus der ehemaligen DDR kräftige, auch damals verständliche Vorbehalte gegenüber Polen stammen, die noch nicht überwunden sind. […] Den meisten Beobachtern und Analytikern entgeht noch immer, dass wir in den neuen Ländern weithin tief verunsicherte Menschen vor uns haben. Nur ganz wenige Beobachter – wie beispielsweise Hans-Joachim Maaz, Chefarzt der Psychotherapeutischen Klinik im Evangelischen Diakoniewerk Halle – haben frühzeitig erkannt, welche schweren psychischen Belastungen aus der DDR stammen und weiterwirken. 1990 erschien von Maaz das Buch ›Der Gefühlsstau‹. In ihm hieß es, der Einzelne sei in der DDR einem enormen psychischen Druck ausgesetzt gewesen, der ein umfassendes System autoritärer Unterwerfung erzeugt habe. Durch die reale Angst vor Bestrafung sei er noch verstärkt worden. Die fanatisierte Bedrohung durch eine allgegenwärtige Bespitzelung habe den Druck ins Irrationale gesteigert. Die DDR-Menschen hätten ihn entweder an andere weitergegeben oder gegen sich selbst gewendet – gesundheitsschädlich, psychisch deformierend, zerstörerisch. Die anhaltende Wucht dieser Mechanismen sei enorm. Wer nie erlebt hat, schrieb Maaz, was es heißt, wenn alles vorgeschrieben ist, was man sehen, hören, denken, sprechen, fühlen und tun darf, wird kaum ahnen, was das SED-Regime in den Körpern und Seelen derer angerichtet hat, die ihm unterworfen waren. Die Wirkungen lähmen vermutlich über mehrere Generationen, auch Kinder und Kindeskinder. […] Die Kommunisten haben also die Mentalität der Menschen in der DDR viel tiefer beeinflusst, und zwar außerordentlich negativ, als die Nationalsozialisten – und zwar einfach aus dem Grunde, weil sie so lange an der Macht waren.

In welchem Umfang die Menschen in der früheren DDR verängstigt, wurzellos gemacht, verunsichert worden sind, darüber wird selten öffentlich gesprochen, weil es als kränkend für unsere Landsleute gilt, wie ein Vorwurf an sie wirkt. […] Das SED-Regime empfand die bürgerliche Gesellschaft als seinen Hauptfeind, rechnete auch selbstständige Bauern zu seinen Gegnern, Christen sowieso, und versuchte daher alles zu beseitigen, was an diese Gruppen, ihre Werte und Maßstäbe erinnerte, an ihr kulturelles Urteilsvermögen, an ihre Verankerung in historischen Bezügen. Die sozialistische DDR war ein Regime der Handlanger, der Landarbeiter. Sie wurde nicht mehr von Handwerksmeistern geprägt, wie wir sie noch in früheren Sozialdemokraten – man denke an August Bebel oder Friedrich Ebert – vor uns hatten. […]

Der materielle Niedergang, dann der Zusammen-bruch der DDR in Politik, Wirtschaft und Gesellschaft war schlimm genug. Aber noch schlimmer war und viel länger wird das seelische Gift wirken und damit die Res-sentiments, Neid, Missgunst, Verunsicherung, Angst, Beschämung, Lähmung, die es zur Folge hatte – lauter Leiden, Unlust und Frustimpulse, die die Auflösung der früheren gesellschaftlichen Strukturen begleitet und ver-tieft haben.« Der Autor Baring war 1932 in Dresden geboren worden, besuchte aber die Schule in Berlin-Zeh-lendorf, studierte in Hamburg, Berlin, New York, Paris, wurde von Henry Kissinger an die Harvard-Universität eingeladen, war dann im Bundespräsidialamt tätig und nebenbei aus der SPD ausgeschlossen worden, weil er Genscher im Bundestagswahlkampf unterstützt hatte. Seit 1998, als man ihn emeritierte, gibt er auf Zusam-menkünften wie jener in Potsdam oder in TV-Talkshows seine Vorurteile und Ressentiments zum Besten.

Übrigens wohne ich auch noch immer in einem der einst vom Dessauer Bauhaus initiierten »Plattenbauten«, und als ich meinem Nachbarn, einem berenteten Kran-führer, diese Rede zu lesen gab, bat er mich um eine Kopie: Er hoffe, dass ihn sein Arzt nach dieser Diagnose als Pflegefall einstufe.

Spaß beiseite. Die Baring-Thesen sind nicht Lehrsätze eines Spinners, sondern das Fundament der Politik, die zur Ostkolonisation führte. Man könnte ein Lexikon her-ausgeben »Wer war wer, als der Westen den Osten über-nahm?«, aber man käme mit zehn Bänden nicht hin. Und schon ein Band könnte den Ossis einer zuviel sein! Immerhin: Die Typen in die ewige Anonymität zu entlassen, wäre auch ein Fehler.

Hier eine Auswahl der »Gardisten«.

Axel Nawrocki

Geboren am 5. Oktober 1944, studierte Rechts- und Sozialwissenschaften an der Technischen Hochschule Aachen und promovierte 1978 als Philosoph. Schon in den späten 70er Jahren hatte der CDU-Generalsekretär und Landesvorsitzende der CDU Nordrhein-Westfalen, Kurt Biedenkopf, ihn ›entdeckt‹, als seinen Bürovorsteher in Bonn angestellt und zum Geschäftsführer der CDU-Landtagsfraktion gemacht. Schwerer zu finden sind Nawrockis Spuren, die ihn dann auf die Laufbahn eines Unternehmensberaters führten. Fest steht nur: Als die BRD die DDR okkupierte und Bonn die Treuhand als »Landesverweser« installierte, erschien der Name Nawrocki auf der Gehaltsliste dieser Institution, und zwar in einer der obersten Gehaltsstufen.

Eine der nie restlos aufgeklärten Skandalaffären war der Deal, den die Treuhand um den Wärmeanlagenbau (WBB) hinnahm. Das DDR-Unternehmen war ungemein vermögend, verfügte über ansehnliche Immobilien

Axel Nawrocki: »Nach Tätigkeiten in der Wirtschaft, unter anderem als Unternehmensberater, wechselte er nach der Wende in der DDR nach Berlin als Manager zur Treuhandanstalt.« (Wikipedia)

und hatte volle Auftragsbücher. Ein gewisser Rottmann betrieb die Ausplünderung der WBB so hemmungslos, dass die ARD schon im Januar 1993 einen 45-Minuten-Film ausstrahlte (Titel: »Der Kraftakt«), der von den Zuschauern weniger als Doku denn als Krimi empfunden wurde. Er enthüllte, wie ein mehrstelliger Millionenbetrag von dem volkseigenen Firmenkonto auf ein Schweizer Konto gelangte.

Der Fall WBB war einer der wenigen, der damals sogar eine Staatsanwaltschaft bewog, Ermittlungen in Gang zu setzen. Für die Dimension spricht, dass 85 Büros und Privatwohnungen durchsucht wurden und 150 Beamte an dem Großeinsatz im Bundesgebiet und in der Schweiz beteiligt waren. In Verdacht geraten waren auch Treuhandangestellte. So auch ein gewisser Konrad Zwinscher, der den WBB noch aus seiner Tätigkeit im DDR-Ministerium für Kohle und Energie kannte.

Und auf der Liste der Verdächtigen fand sich auch der Name des inzwischen zum Treuhand-Direktor für »Sonderaufgaben« aufgestiegenen Axel Nawrocki!

Allerdings befasste er sich nicht allzu lange mit den umfangreichen »Sonderaufgaben«, die die Treuhand bei der De-industrialisierung der DDR-Wirtschaft zu lösen hatte, denn – nach offensichtlich hinreichender Empfehlung bei der Obrigkeit – über Nacht wurde er zum Chef der Berliner Olympia GmbH berufen. Das Jahresgehalt seines gefeuerten Vorgängers hatte 290.000 DM betragen, er bekam 370.000 DM und zudem wöchentliche kostenlose Heimflüge nach Köln.

Geboren worden war die Idee einer Olympiabewerbung für 2000 oder 2004 gleich nach der »Vereinigung«. Am 8. Januar 1990 hatten das Nationale Olympische Komitee der DDR, der Sportbund DTSB und Ministerpräsident Hans Modrow dem gemeinsamen Projekt zugestimmt. In Ostberlin saßen erfahrene Organisatoren, die schon in alle Welt geholt worden waren, um sportliche

Großveranstaltungen zu arrangieren. Die Veranstalter des weltweit größten Turn- und Sportfestes in Leipzig waren vom Internationalen Olympischen Komitee sogar mit einem Ehrenbanner ausgezeichnet worden, welches IOC-Präsident Juan Antonio Samaranch vor 100.000 Zuschauern überreicht hatte. Aber als sich das »wiedervereinigte« Berlin um die Olympischen Spiele bewarb wurde mit Axel Nawrocki ein Mann geholt, der die Olympischen Spiele nur vom Fernsehen kannte und allein darauf verweisen konnte, sich bei der »Abwicklung« einer stabilen Volkswirtschaft ausgezeichnet zu haben. Es war eine der zahllosen Entscheidungen, bei denen die DDR-Elite ignoriert und einer bundesdeutschen »Flachzange« Vorrang gewährt wurde.

Drei Jahre später war das Vorhaben gescheitert, aber noch heute sind die damals unter Nawrockis Vorsitz verübten Betrügereien und Abenteuer nicht aufgeklärt. Der Schaden, der der Stadt Berlin dadurch entstand, wurde nie exakt ermittelt.

Fest steht nur, dass die Unterlagen, die es ermöglicht hätten, die unterschlagenen Summen zu ermitteln, auf kriminelle Weise vernichtet wurden. *Der Spiegel* 6/1994 hatte das so beschrieben: »Den ganzen November über lief der Reißwolf ohne Pause. Dann waren hundert Meter Aktenmaterial über die verkorkste Bewerbung Berlins für die Olympischen Spiele im Jahr 2000 kleingehäckselt.

Weil die Papiere ›nicht für die Augen Dritter bestimmt waren‹, hatte der Geschäftsführer der Olympia GmbH, Axel Nawrocki, im Alleingang die Vernichtung beschlossen. Der sonst so stümperhafte Olympiabewerber verfiel auf einen scheinbar genialen Trick. Er stellte den Schredder ins Foyer des Bürogebäudes und ganz offiziell eine Mitarbeiterin ab – so, als sei Aktenvernichtung ein alltäglicher Vorgang, wenn eine Firma dichtmacht.

Im Schutz der Öffentlichkeit verschwanden auch anrüchige Papiere: Der Inhalt von 91 Dossier-Ordnern, die für jedes Mitglied des Internationalen Olympischen Komitees (IOC) angelegt worden waren, wurde ebenso zerkleinert wie Ausgabenlisten von Politikern und deren Ehefrauen, die bei Olympia in Barcelona ausgehalten wurden; auch die detaillierte Kostenaufstellung für rund 200 Personen, die Nawrocki als Gäste zur entscheidenden IOC-Sitzung nach Monte Carlo geladen hatte, ist weg.

Die Finanzunterlagen, versichert Nawrocki treuherzig, seien komplett vorhanden. Das stimmt. Nur kann keiner mehr nachvollziehen, wer denn nun einen Dreierset Silbermünzen geschenkt bekam, wem Geschirr der Königlichen Porzellan-Manufaktur Berlin und wem ein Uhrensondermodell verehrt wurde.

Unerkannt bleibt nun auch jenes IOC-Mitglied, das im T-Shirt in Berlin landete und sich beim Herrenschneider neu einkleiden ließ. Niemand wird erfahren, welche Olympier Berliner Gold als Zahnersatz nach Hause trugen und warum so viele IOC-Herren ganz versessen auf einen Einkaufsbummel in den Apotheken der Hauptstadt waren. So viel angewandte Provinzialität summierte sich schließlich auf bisher offiziell zugegebene Bewerbungskosten von 86 Millionen Mark. Als Gegenleistung erhielt Berlin von den Olympiern neun Stimmen. Ohne Widerspruch der Aufsichtsgremien durfte Nawrocki noch nach der verlorenen Wahl behaupten: ›Unsere Kampagne hat gestimmt.‹«

Als ein Untersuchungsausschuss wenigstens die noch vorhandenen Spuren der Veruntreuungen untersuchen sollte, erfuhr der *Spiegel* 48/1994: »»Eberhard Diepgen (*damals Regierender Bürgermeister Berlins – K. H.*) war sichtlich nervös. Noch vor Beginn des Treffens bat er alle Anwesenden um strengste Verschwiegenheit.

Von der Sitzung sollten ›keine Anmerkungen und Stellungnahmen in die Öffentlichkeit gelangen‹, zitiert ihn das Protokoll. Falls einer der Anwesenden dennoch plaudern würde, drohte er, müsse man sich gemeinsam ›Konsequenzen überlegen‹.

Die Warnung galt dem Aufsichtsrat der staatseigenen Berlin 2000 Olympia GmbH, dem der Regierende Bürgermeister Diepgen vorsteht. Bei nur einer Enthaltung beschloss das Kontrollgremium am 19. September dieses Jahres (*1994 – K. H.*), den umstrittenen Geschäftsführer und CDU-Funktionär Axel Nawrocki von der Haftung zu entlasten. Damit verzichtet der Aufsichtsrat auf alle Schadensersatzansprüche. […] Die Mitarbeiter der Olympia-Gesellschaft lebten offenbar auf großem Fuß. Da der Geschäftsführer (*Nawrocki – K. H.*) hoffte, weltweite Werbung könnte es bringen, durften alle reisen – nach Acapulco oder Mali, Kenia, Mauritius oder Thailand.

Die Politiker, von Diepgen und den Spitzen der CDU bis zur Führung des Koalitionspartners SPD, reisten mit, einige in Begleitung von Frau oder Freundin. Ein Trip zu den Olympischen Spielen nach Barcelona 1992 kostete allein 660.000 Mark für Hotelzimmer.

Warum Diepgen seinen Parteifreund Nawrocki so eilig entlastete, ist bislang unklar. Offene Fragen, auch für das Geschäftsjahr 1993, gibt es zuhauf.

So kassierte Olympia-Berater Hilmar Hoffmann, einst SPD-Kulturdezernent in Frankfurt, auch im Urlaub 11.500 Mark Honorar. Die Aufforderung, die Summe zurückzuzahlen, konterte er mit dem Verweis auf ›Gespräche mit dem Bundeskanzler und Graf Lambsdorff‹, die er im Urlaub geführt habe.«

Und Nawrocki? Wurde mit einem Jahresgehalt von über 400.000 DM zum Chef der Berliner S-Bahn berufen und – kassierte noch eine Abfindung in Höhe von 50.000 DM bei der Olympia GmbH.

Es verging nicht viel Zeit, bis er wieder für Schlagzeilen sorgte. »Voraussichtlich ab 1996 wird es in der Berliner S-Bahn die erste Klasse wieder geben. Die neu bestellten Waggons der Baureihe 481 haben auch Abteile für die besser zahlende Kundschaft. 20 Wagen einer neuen Fahrzeuggeneration – zehn sogenannte Viertelzüge – will die S-Bahn GmbH 1996 anschaffen. 1997 kommen 180 weitere Waggons hinzu. Die Fahrzeuge sollen erstmalig nach fünf Jahrzehnten wieder Abteile der ersten Klasse führen. Geschäftsführer Axel Nawrocki: ›Die erste Klasse wird von etlichen unserer Kunden gewünscht. Wenn die Leute den höheren Fahrkomfort bezahlen, kriegen sie auch noch Fernsehen und Champagner.‹ Möglicherweise wird der Fahrpreis sowohl bei Einzel- als auch bei Zeitkarten um die Hälfte höher sein als in der zweiten Klasse.

Nawrocki orientiert sich dabei an den ›Bankierszügen‹, die in den 30er Jahren mit bis zu 120 Stundenkilometern auf der Wannseebahn vom Potsdamer Bahnhof über Zehlendorf zum südwestlichen Stadtrand fuhren. Die Fahrzeuge waren nicht nur schneller, sondern auch besser ausgestattet als übliche S-Bahn-Wagen. Mit ihrer Hilfe gelang es der damaligen Reichsbahn, vor allem Beamte und gut betuchte Angestellte aus den Villen-Vororten auf die Schiene zu locken. Bei den städtischen Verkehrsmitteln der späteren BVG wurde die Klassen-Einteilung schon 1927 abgeschafft.«

Nawrocki gab also zu verstehen, für wen er neuen S-Bahn-Luxus schaffen wollte. Und um nicht in Verdacht zu geraten, sich nur um die gutbetuchten Fahrgäste kümmern zu wollen, ließ er wissen, dass er sich auch über die Stehplatz-Fahrgäste den Kopf zerbrach: Pro Quadratmeter waren vier Stehplatz-Fahrgäste vorgesehen.

In den Amtsstuben der heutigen Berliner S-Bahn möchte niemand an diese Nawrocki-Schnapsidee erinnert werden. Man hofft immer noch darauf, eines Tages die Züge wieder pünktlich und so verkehren zu lassen, dass sich nicht acht Personen auf einem Quadratmeter der 2. Klasse drängeln müssen.

Und wo blieb Nawrocki? Die Frage stellte auch das Magazin, dessen Leser jede Woche erfahren wollen, was die Manager treiben, also das *Manager-Magazin.* Die Redaktion erfuhr: »Axel Nawrocki? Axel Nawrocki ist untergetaucht. Schier unauffindbar. Sein letzter bekannter Arbeitgeber, die Bahn, ist überfragt, wo er steckt. Keine Spur im Internet. Kein Eintrag im Telefonbuch. Die Auskunft kennt zwar einen Axel Nawrocki, der aber entpuppt sich als Namensvetter in Berlin, sitzt auf einem Packen Post für sein Double und hofft, ›dass der Herr sich einmal bei mir meldet‹.

Ich fand heraus: Axel Nawrocki hat sich in seine Heimatstadt, nach Aachen, zurückgezogen. Seine Handy-Nummer gibt er nur ausgewählten Vertrauten und Kunden preis. Er genießt das Leben im Verborgenen. ›Rummel‹, sagt er, ›hatte ich genug‹. Jahrelang stand er in der Öffentlichkeit – eine Reizfigur erster Klasse. Er zog Kritik und Häme auf sich, die für mehrere Managerleben gereicht hätte, ob als Olympia-Werber oder als Bahn-Manager.

Zu Herzen genommen hat sich Nawrocki von all dem nichts. ›Ich habe das immer locker gesehen‹, sagt er ohne einen Anflug von Verstellung, ›man hat Erfolge, und man hat auch mal Misserfolge‹. Nawrocki hat reichlich rheinischen Gleichmut inhaliert.

Allein die Zählebigkeit mancher Nachrede ärgert ihn. Etwa die Unterstellung, nach der erfolglosen Bewerbung Berlins um die Olympischen Spiele habe Chef-Werber Nawrocki anrüchige Akten heimlich schreddern lassen. Der Verdacht wurde nie erhärtet. Trotzdem: ›Den Reißwolf‹, seufzt Nawrocki, ›werde ich nicht mehr los‹.

Ebenso wenig den Ruf, er sei eine Art Wahlverwandter des vormaligen Bahn-Chefs Johannes Ludewig. ›Einer hat mal behauptet, Ludewig sei der Patenonkel meines Sohnes‹, erinnert er sich. ›Ich schätze Herrn Ludewig sehr‹, versichert Nawrocki, ›aber er ist es nicht‹.

Auch egal. Zerknirschung ist einem Nawrocki fremd. ›Ich wusste immer, dass ich noch woanders mein Geld verdienen kann.‹ Schon einen Tag nach seinem Abgang bei der Bahn habe er einen neuen Job gehabt. Da sei eine ›große deutsche Bank‹ an ihn herangetreten, habe um Rat und Vermittlung im Umgang mit einem klammen Kunden gebeten.

Seither reihe sich Auftrag an Auftrag. Wer genau ihn beschäftigt, mag Nawrocki ungern verraten. Meist gibt er nur Konturen preis. Er sei ›locker mit einer Kölner Anwaltssozietät liiert‹, berichtet er, die habe immer wieder mal was für ihn. Für zwei US-Unternehmen ›im Bereich Luftfahrt, Raumfahrt, Militärtechnik‹ sei er beratend tätig, ebenso für eine ›indische Industriegruppe‹.

Auch die Bahn hatte wieder einen Job für ihn, allerdings nicht die deutsche, sondern die niederländische: die staatliche Nahverkehrsgesellschaft Connexxion. Für die sondierte Nawrocki die Chancen für eine Expansion am deutschen Markt.

Seiner brisantesten Mission geht der Berater derzeit auf Geheiß einer ›internationalen Anwaltskanzlei‹ nach. Er vermittelt bei dem heiklen Unterfangen, die Grenze zwischen Saudi-Arabien und Jemen neu vermessen zu lassen. Nawrocki muss dafür sorgen, dass sich beide Seiten über das Verfahren einig sind.

Alles in allem arbeite er eigentlich ›viel zu viel‹, meint Nawrocki. Den Kauf eines Pferdes – oft geplant – hat der passionierte Military-Reiter erst mal wieder aufgeschoben. Er fühle sich wohl und gut versorgt mit seinen Mandaten auf Zeit. Dennoch, die Rückkehr in eine Festanstellung will er nicht ausschließen, ›wenn die Umstände passen‹. Und die Interessenten Axel Nawrocki finden.«

Nur in den neuen Bundesländern würde er wohl wenig Chancen haben, denn dort wäre dank seiner »Verdienste« wohl nur ein Platz in einer Hartz-IV-Schlange verfügbar. Und in der würde er das Military-Pferd anmelden müssen.

Jörg Schönbohm

Dieser Mann war haargenau der richtige, als es galt, jemanden in den Osten zu schicken, um die DDR-Armee zu entwaffnen und 95 Prozent der Offiziere und Soldaten zu demobilisieren. Zudem: Niemand konnte dem General vorwerfen, ein Wessi zu sein, da er 1937 im märkischen Neu Golm zur Welt gekommen war und – so die offiziellen Verlautbarungen – bald nach Kriegsende in die Freiheit »floh«. Dass er damals noch minderjährig gewesen sein dürfte, tut nichts zur Sache, denn wer die Freiheit liebt, erahnt schon als Kind, wo er sie findet.

Das war sein Weg, der ihn 1990 an die Spitze des »Bundeswehrkommandos Ost« in Strausberg führte: 1957 Abitur, danach als Offizieranwärter zur Bundeswehr, 1959 Zugführer, anschließend »Hörsaaloffizier« und Studium an der Führungsakademie als Generalstäbler. 1978 begann seine politische Laufbahn als Referent in der Personalab-

Der Mann fürs Grobe:
Jörg Schönbohm

teilung des Bundesverteidigungsministeriums, wo man ihn aber schon 1982 »remilitarisierte« und zum Adjudanten des Verteidigungsministers Manfred Wörner (CDU) beförderte. Nächste Station: Brigadegeneral, aber schon bald auf der Bonner Hardthöhe vermisst und darum als stellvertretender Leiter des Planungsstabes engagiert.

Als die DDR »beigetreten« wurde, fuhr er also nach Strausberg und erledigte binnen eines Jahres den Auflösungsbefehl. Dann wurde er Inspekteur des Heeres und – wieder im Eiltempo – Staatssekretär für Sicherheitspolitik, Bundeswehrplanung und Rüstung. Zwischendurch war er Mitglied der CDU geworden, und als Diepgen in Berlin einen schneidigen und konsequenten Innensenator benötigte, zog Schönbohm die Uniform aus, wechselte zu den Nadelstreifen-Generalen, ließ aber nie in Vergessenheit geraten, wo er ausgebildet worden war.

Es kam der 19. Februar 1997, ein Tag an dem er beweisen konnte, wie er die Demokratie zu verteidigen gedachte.

Schauplatz Alt-Marzahn. Dort parkte Klaus Baltruschat seinen Wagen wie jeden Morgen vor dem Haus, in dem er Bücher verkaufte und Gregor Gysi sein Wahlkreisbüro hatte. Baltruschat öffnete die Tür, schaltete den Anrufbeantworter seines Telefons ein und hörte plötzlich Schritte hinter sich. Ahnungslos wandte er sich um und stand einem Vermummten gegenüber, der ein Gewehr auf ihn richtete und wortlos drei Schüsse abfeuerte. Der erste zerfetzte des Buchhändlers linken Arm, der zweite streifte die Brust, als er sich umdrehen wollte, der dritte traf die rechte Hand. Blutüberströmt brach er zusammen. Der Täter verschwand. Klaus Baltruschat schleppte sich auf die Straße und rief um Hilfe. Ein Passant alarmierte Polizei und Feuerwehr.

Die kam als erste, aber Schusswunden darf ein Notarzt nicht behandeln. Es folgte der Notruf. Dann stürmte ein inzwischen erschienenes Polizeikommando das Haus, da man den Täter in irgendeinem Zimmer vermutete. Man fand niemanden.

Die Nachricht von dem Attentat wurde von den Agenturen mit Vorrang verbreitet. Dass es einen politischen Hintergrund hatte, war jedem klar. Innensenator Schönbohm jedoch schwieg. Möglicherweise weil er vier Tage vor dem Attentat, nicht weit entfernt von dem Schauplatz, eine Kontroverse wegen eines geplanten Neonazi-Aufmarschs gehabt hatte. Die NDP-Jugendorganisation »Junge Nationaldemokraten« hatte für jenen Tag eine Demonstration in Hellersdorf angemeldet. Der Bürgermeister des Stadtbezirks Hellersdorf, Uwe Klett (PDS), warnte vor der eindeutig neofaschistischen Demonstration und wusste dabei sogar die CDU-Fraktion des Bezirksparlaments hinter sich. Diese hatte am 30. Januar einen Dringlichkeitsantrag eingebracht, mit dem das Bezirksamt aufgefordert worden war, »den geplanten Aufmarsch von Neonazis und rechtsradikalen Gruppen am 15. Februar 1997 zu unterbinden«. Schönbohms Amts- und Parteichef Diepgen aber hatte klargestellt: Es sei ein »rechtliches Missverständnis, wenn man meint, dass man Demonstrationen verbieten kann. Auch für verwirrte politische Ideen dürfe man in Deutschland demonstrieren. Nur wenn die Verfassung verletzt oder Gewalt angewendet werde, könne man eine Demonstration untersagen«.

Der zuständige Innensenator und General a. D. widersprach dem nicht.

Inzwischen war jedoch der Druck in der Bevölkerung derart angewachsen, dass die Demonstration abgesagt werden musste und durch eine Saalkundgebung ersetzt wurde. Eine Koordinierungsrunde aller Hellersdorfer Parteien, Gewerkschaften und Gruppen beschloss, dennoch zwei Gegen-Aktionen zu organisieren: eine Kundgebung an der Brodauer Straße und eine Demonstration an der geplanten Anmarschroute der Neonazis. In der Brodauer

Straße wurden rund 2.000 Teilnehmer gezählt, darunter viele Vertreter von SPD und CDU. Zahlreiche Sozial- und Christdemokraten beteiligten sich auch an der Demonstration zum S- und U-Bahnhof Wuhletal, wo der Aufmarsch der Neonazis beginnen sollte. Nach übereinstimmenden Aussagen traf der Zug der Demonstranten dort allerdings erst ein, als die Auseinandersetzungen zwischen Rechten und Linken und der Polizei bereits in vollem Gange waren.

Dass es überhaupt zu den Auseinandersetzungen kam, war den kaum begreiflichen Befehlen Schönbohms zuzuschreiben. Dessen erster fataler Fehler bestand darin, auf Maßnahmen zu verzichten, die den Zugverkehr hätten steuern können. Ferner sahen die von ihm kommandierten Polizeieinheiten ihre Hauptaufgabe darin, die Neonazis zu schützen. Nur mühsam konnte die Ruhe in Hellersdorf hergestellt werden.

Die war schon in den Jahren zuvor mehr als einmal bedroht worden. Im Januar 1994 hatte Gregor Gysi eine Morddrohung erhalten. Absender des Schreibens war eine Gruppe »Weißer Arischer Widerstand« (WAW).

Bis zu jenem Februarmorgen 1997, als der Buchhändler Baltruschat angeschossen wurde, waren bereits vier Anschläge auf Gysis Wahlkreisbüro in eben jenem Hause verübt worden.

Zu den als Mitglied der Terrorbande »Weißer Arischer Widerstand« ermittelten Personen gehörte auch ein Kay Diesner. Der WAW, das war den Polizeibehörden bekannt, unterhielt internationale Verbindungen in die USA und nach Schweden. Kontaktmann für Deutschland war der wegen Mordversuchs an einem Nigerianer zu acht Jahren Gefängnis verurteilte Carsten Szczepanski. Der Westberliner war nach dem Mauerfall ins brandenburgische Klein Eichholz verzogen. 1991 organisierte er eine rituelle Kreuzverbrennung in Halbe, 1993 kümmerte er sich um ein Skinkonzert in Prieros, wo sich an die tausend Rechtsextremisten versammelten und in der Nacht eine Hakenkreuzfahne hissten.

Der Attentäter Diesner war seit 1990 in der rechten Szene zu Hause und gehörte seit mindestens drei Jahren zum inneren Zirkel der Berliner Führungsriege. Bei einer Heß-Gedenkfeier im August 1994 war er festgenommen und rechtskräftig verurteilt worden. 1996 besorgte er sich eine Pumpgun in Österreich. Die mehrschüssige Langwaffe ähnelt einem Jagdgewehr, verfügt aber im Unterschied zu diesem über ein Magazin, das mit Schrot- oder Kugelmunition geladen werden kann.

Als nach dem Mordanschlag auf Baltruschat die Fahndung nach möglichen Tätern ausgelöst wurde, stand auf der Liste des Berliner Staatsschutzes unter den 20 gefährlichsten Berliner Neonazis auch der Name Kay Diesner. Der wohnte in der Blenheimstraße unweit vom Tatort. Die Fahnder klingelten an seiner Wohnungstür. Da niemand öffnete, kehrten sie um und begaben sich zur nächsten Adresse. Und das, obwohl die Unterlagen auch auswiesen, dass Diesner einen Mazda fuhr, dessen Nummer bekannt und der in der Nähe geparkt war. Den zu finden und auf diese Weise zu ermitteln, dass Diesner in der Nähe – vielleicht sogar in seiner Wohnung – sein könnte, erforderte keine Scotland-Yard-Logistik.

Während die Ärzte im Köpenicker Krankenhaus Klaus Baltruschats zerfetzten Unterarm amputierten, hatte sich Diesner mit seinem Bullterrier unbehelligt zu seinem Auto begeben und war direkt zur Autobahn in Richtung Norden gefahren, um aus Berlin zu fliehen.

Inzwischen war die damalige Berliner PDS-Vorsitzende Petra Pau nach einem Besuch in Hellersdorf ins Karl-Liebknecht-Haus zurückgekehrt. Kaum hatte sie ihr Büro betreten, klingelte das Telefon. Die Sekretärin nahm den Hörer ab, wurde kreidebleich und ließ den Hörer fallen. Eine männliche, jugendliche Stimme hatte ihr mitgeteilt: »Schade, dass das heute früh nicht geklappt hat.«

Diesner war inzwischen bis in die Nähe von Flensburg gelangt. Dort wurde er am 22. Februar, also drei Tage nach der Tat, gesehen. Wie sich später herausstellte, hatte er zu jenem Zeitpunkt im Kreis Segeberg Autokennzeichen gestohlen und diese mit seinen getauscht.

Irgendwann rollte er auf den Parkplatz Roseburg an der Autobahn A 24. Den dort Dienst tuenden – und von niemandem aus Berlin vorgewarnten – Streifenpolizisten Stefan Grage und Stefan Kussauer fiel Diesners Wagen auf, weil dessen Nummernschilder frische Löcher aufwiesen. Ahnungslos näherten sie sich dem Wagen, in dem Diesner schlief. Der Bullterrier schlug an. Als Grage und Kussauer Diesner durch das heruntergelassene Fenster aufforderten, seine Autopapiere vorzuweisen, zog der seine Waffe und schoss. Grage wurde von Kugeln im Hals- und Nackenbereich getroffen. Er schoss sterbend zurück und traf Diesner am Oberschenkel. Kussauer ließ sich aus dem VW-Streifenbus fallen, flüchtete zur Autobahn und alarmierte LKW-Fahrer.

Diesner raste in Richtung Osten davon, verließ an der ersten Ausfahrt die Autobahn und versuchte nach Lauenburg zu entkommen. Dort wurde er von inzwischen alarmierten Streifenwagenbesatzungen gestellt und nach einem Schußwechsel in den Straßengraben gedrängt. Als man ihn festnahm, hatte Diesner noch 40 Schuss Munition bei sich …

Wochen später trat Innensenator Schönbohm auf einer CDU-Veranstaltung in Hellersdorf auf, ich suchte mir einen Platz im Saal. Der Ex-General berichtete in einer kurzen Rede, dass er gerade ein Hellersdorfer Polizeirevier besucht und dabei festgestellt habe, wie gut sich Ost- und Westberliner Polizisten verstünden. Nach mehreren Anläufen gelang es mir, meine Frage zu stellen. Als erstes versicherte ich ihm, dass er mit seiner Feststellung der Ost-West-Harmonie Recht habe. Das beweise unser beider Schicksal.

Der Ex-General stutzte, die Zuhörer im Saal auch. Ich erklärte meine Aussage: Ich sei aus Kleinmachnow von einem Altbesitzer vertrieben worden, er in das Haus eines Altbesitzers eingezogen – und dennoch säßen wir nun beisammen.

Die Erregung im Saal war beträchtlich. Ordner drängten sich in meine Sitzreihe, aber ich bestand darauf, noch meine Frage stellen zu dürfen, und Schönbohm stimmte dem verunsichert zu. Ich erkundigte mich: »Haben Sie sich bei der Mutter des von Diesner ermordeten Polizisten Grage für die zahlreichen Versäumnisse der zuständigen Berliner Behörden, die letztlich Grages Tod begünstigten, entschuldigt?«

Nun eskalierte die Unruhe im Saal, aber Schönbohm bat um Ruhe, erklärte zunächst wortreich seinen völlig legalen Kleinmachnower Zuzug und beantwortete sodann meine Frage. »Ich habe mich beim Innenminister von Schleswig-Holstein entschuldigt.«

Warum er nicht auch der Mutter Beileid bekundet hatte, teilte er nicht mit. Ich hatte einige Mühe, unbehelligt den Saal zu verlassen, schaffte es aber.

Einige Monate später begann der Prozess gegen Diesner. Er wurde wegen Mordes vor dem Lübecker Landgericht angeklagt, und in dem Verfahren spielte auch Diesners Motiv eine Rolle. Er solle erklärt haben, dass nach den Zwischenfällen am 15. Februar dazu aufgerufen worden war, die PDS »abzustrafen«.

Daraufhin hatte das Landgericht Fernsehaufzeichnungen aus Berlin angefordert und sie im Gerichtssaal abspielen lassen. Man kam zu dem Schluss, dass lediglich in einer einzigen Sendung die PDS beschuldigt worden war, zu Gegenaktionen aufgerufen zu haben.

Es handelte sich um ein TV-Interview des Innensenators Jörg Schönbohm.

Der vorsitzende Lübecker Richter Vilmar schloss in der Urteilsbegründung nicht aus, dass der Berliner Innensenator in gewisser Hinsicht »Stichwortgeber« für Diesner gewesen sein könnte.

1998 gab Schönbohm seinen Berliner Senatorenposten auf, um für den CDU-Landesvorsitz in Brandenburg zu kandidieren. Er wurde gewählt. Bei den Landtagswahlen am 5. September 1999 verbesserte sich die brandenburgische CDU unter seinem Vorsitz von 18,7 auf 26,5 Prozent. Die SPD verlor ihre absolute Mehrheit, und in der von SPD und CDU gebildeten Koalitionsregierung wurde er Innenminister und stellvertretender Ministerpräsident.

2005 sorgte Schönbohm einmal mehr für beträchtliches Aufsehen. Als in Brieskow-Finkenheerd neun Babyleichen gefunden wurden, erklärte er dem Tagesspiegel am 2. August 2005 die Wurzeln der Tat mit folgender Eröffnung: »Die ländlich strukturierten Räume Ostdeutschlands sind stärker verproletarisiert als ein eher städtisch geprägtes Land wie Sachsen, wo ein Teil des Bürgertums die SED-Diktatur überlebt hat. Jetzt werden natürlich wieder viele sagen, der Wessi tritt uns Ossis ins Kreuz. Aber ich glaube, dass die von der SED erzwungene Proletarisierung eine der wesentlichen Ursachen ist für Verwahrlosung und Gewaltbereitschaft.«

Die Proteste gegen diese Erklärung kamen aus allen Lagern und Parteien. Eckhardt Rehberg (CDU-Fraktionsvorsitzender im Schweriner Landtag): »Völliger Fehlgriff!« Gerade die Familie hätten zu DDR-Zeiten einen hohen Wert besessen.

Cornelia Pieper (FDP-Vorsitzende in Sachsen-Anhalt) forderte Schönbohm auf, augenblicklich zurückzutreten.

Lothar Bisky (Vorsitzender der Linkspartei): »Geistige Flachzangerei!«

Michael Kretschmer (CDU-Generalsekretär in Sachsen): »Völlig absurd!«

Brandenburgs Bildungsminister Holger Rupprecht (SPD) erklärte, es sei »ausgesprochen gefährlich und fatal«, diese Verbrechen in Zusammenhang mit der DDR zu bringen.

Zu denken gab Schönbohm dieser Tsunami an Protesten kaum, denn als er vier Jahre später abgewählt wurde und die rot-rote-Koalition entstand, kommentierte er für Bild: »Koalitionen gehören zur Demokratie. Aber dass bei der Linkspartei 20 Jahre nach dem Mauerfall so getan wird, als handle es sich um eine ganz normale Partei, verbittert mich schon. [...]

In den Neuen Bundesländern herrscht noch viel Unkenntnis über das alte Unrechtsregime. Nur die Hälfte der Schüler weiß, dass die DDR eine Diktatur war. Und nur ein Drittel, wer die Mauer gebaut hat. [...] Wer sagt: ›Es war gar nicht so schlecht‹, hat das wohl alles vergessen. [...] Deshalb ist es hier viel schwerer, heute klarzumachen, dass die DDR ein Unrechtsstaat war und nur noch von der Substanz und von Westkrediten lebte.

[...] Es gibt eine verbreitete Stillosigkeit – im Umgang wie bei der Kleidung. Eine Folge der Entbürgerlichung der DDR. [...] Dazu kommen die Folgen der Entchristlichung des Ostens. Nur jeder Fünfte ist Mitglied einer Kirche. Pfarrer finden kaum Konfirmanden. Doch die Jugendweihen sind gut besucht. [...]«

Klang das nicht alles nach einem General, der gerade ein Waterloo erlebt hatte?

Ingrid Biedenkopf

Die »Flachzangen-Parade« könnte auch traurig stimmen. Deshalb mittenrein eine Passage, die Betrübte vielleicht aufheitert. Gerhard Bengsch, ein exzellenter Schriftsteller und Filmdrehbuchautor – Gipfelleistung »Krupp und Krause« – verfasste 2005 für spotless ein heiteres Buch mit dem Titel »Herr Minister lässt grüßen«.

Dafür hatte er sich das Pseudonym »Terenz Abt« zugelegt, den Namen an den Briefkasten geschrieben und Briefe unter diesem Namen geschrieben, um dann die Antworten zu veröffentlichen.

So wandte er sich im Herbst 1996 auch an die Gattin des aus Ludwigshafen stammenden und 1990 in Dresden zum sächsischen Ministerpräsidenten avancierten Kurt Biedenkopf. Zu der gern als »Landesmutter« auftretenden Ingrid Biedenkopf ist anzumerken, dass sie die Tochter des Industriellen Fritz Ries ist, welcher in von ihm

Die sächsische »Landesmutter« Ingrid Biedenkopf

»arisierten« polnischen Industriebetrieben Tausende jüdische Zwangsarbeiter beschäftigte und dann in der BRD für die »von der Roten Armee besetzten Betriebe« entschädigt wurde, was aber seiner Tochter nicht angelastet werden soll.

Am 22. Oktober 1996 schrieb also Terenz Abt:

»Sehr geehrte gnädige Frau,

leider bin ich kein Sachse, und insofern sind Sie zu meinem Bedauern nicht direkt meine Landesmutter, aber vielleicht können Sie mir trotzdem einen Rat geben. Sie helfen und raten ja so vielen Menschen.

Es geht um meine Ehe. Solange wir in Lohn und Brot standen, war sie in Ordnung. Der DDR-Terror hielt uns zusammen. Wir freuten uns über die schrumpligen Äpfel, die es zu Weihnachten gab, und hörten unter der Bettdecke heimlich Westradio.

So ging das 20 Jahre. Dann kam die Wende. Wahnsinn!!! Aber eines Tages wurde ich arbeitslos und musste in den Vorruhestand. Meine Frau wurde als Laborantin auch arbeitslos, kam aber als Putzfrau 2x halbtags die Woche wieder unter.

Ich sitze nun zuhause. An sich geht es mir gut. Ich verbringe meine Zeit oft damit, in den Supermärkten nach Sonderangeboten zu gucken. Da kann man, wenn man Zeit hat, viel Geld sparen. Häufig sitze ich auch vorm Bildschirm. Besonders schön finde ich die Übertragungen aus dem Bundestag. Es ist, als wäre man dabei.

Aber mit meiner Frau wird es jeden Tag schwieriger. Sie ist, obwohl aus guter Familie stammend, eine richtige rote Socke geworden und schwärmt für Gysi. Wir im Osten sind, so keifte sie neulich wörtlich, ›vom Westen angeschissen worden‹. Solche Wörter nahm sie früher nie in den Mund. Es gibt dauernd Streit. Jede Kleinigkeit wird von ihr aufgebauscht. Ein paar Mark mehr Miete, schon zetert sie wie bei einem Weltuntergang. Wenn die Fahrpreise etwas teurer werden, hält sie in der Straßenbahn die wüstesten Hetzreden. Kurzum, wir verstehen uns nicht mehr. Ich war beim Scheidungsanwalt. Er sagte aber, die politischen Exzesse meiner Ehefrau seien kein Grund. Damit kämen wir nicht durch, besonders dann nicht, wenn der Richter womöglich in einer roten Partei (SPD oder PDS) ist. Ich will aber nach der Scheidung die Wohnung behalten und sie keinesfalls meiner Frau überlassen. Soll sie doch zu ihrem Gysi ziehen!

So also ist meine Lage. Ich bin fix und alle. Was raten Sie mir, sehr geehrte Frau Biedenkopf? Wie soll ich mich verhalten? Soll ich mich ohne Rücksicht auf Verluste trennen oder es noch einmal versuchen?

Ihnen sowie Ihrem Herrn Gemahl übersende ich meine besten Grüße

Terenz Abt

M.-Reimann-Str. 13, 14532 Kleinmachnow«

Am 14. November 1996 erhielt er folgende Antwort aus Dresden.

»Sehr geehrter Herr Abt,

vielen Dank für ihren Brief vom 22.10. dieses Jahres, der am 4.11. in meinem Büro eingegangen ist und den ich mit viel Anteilnahme gelesen habe.

Sie bitten mich um einen Rat in einer Angelegenheit, in der ich eigentlich schon deshalb nicht raten kann, weil ich Ihre Frau und die Probleme, die Sie beide haben, zuwenig kenne.

Trotzdem kann ich Sie natürlich gut verstehen, denn es ist nicht leicht, an der Seite eines Menschen zu leben, der nichts Positives mehr im Leben sieht. Das tut mir sehr leid. Deshalb möchte ich Ihnen gerne, soweit und so gut ich es kann, einen Rat aus meinen persönlichen Erfahrungen geben.

Ich bin immer der Ansicht, dass man, bevor man sich zu einer Trennung entschließt, es auf jeden Fall noch einmal miteinander versuchen sollte. Sie sind nun schon mehr als 20 Jahre miteinander verheiratet. So eine lange

Zeit, in der viele gemeinsame Erlebnisse und Erfahrungen gemacht worden sind, verbindet sehr. Das merkt man leider oft erst nach einer Trennung, und dann ist es zu spät.

Auf jeden Fall bin ich der Meinung, dass Sie mit Ihrer Frau ernsthaft über Ihre Probleme in der Beziehung sprechen sollten. Sie sollten ihr auch klarmachen, dass eine Trennung unvermeidlich ist, wenn Sie beide keine Gemeinsamkeiten mehr finden und sich nicht wieder ›zusammenraufen‹ können. Vielleicht könnte auch helfen, wenn Sie Ihre Frau darauf aufmerksam machen, dass Sie die schwierige Zeit vor der Wende mit vereinten Kräften gemeistert haben und jetzt doch wohl auch die augenblicklichen Probleme zusammen bewältigen können.

Falls all diese Bemühungen nicht helfen sollten, weiß ich wirklich keinen anderen Rat, als dass Sie einen Rechtsanwalt aufsuchen, um mit ihm die Trennung zu besprechen. Aber natürlich hoffe ich sehr, dass es gar nicht erst dazu kommt.

Ich wünsche Ihnen von ganzem Herzen, dass Sie sich mit Ihrer Frau wieder vertragen.

Auf jeden Fall wünsche ich Ihnen für die Zukunft alles Gute! Mit vielen Grüßen

Ingrid Biedenkopf«

Darauf reagierte Trenz Abt:

»Sehr geehrte Frau Biedenkopf,

Sie ahnen gar nicht, welch hellen Lichtstrahl Ihr rührender Zuspruch vom 14.11.96 in die Finsternis meines seit 1990 trüben Alltags schickte. Ich gab den Brief meiner Frau zu lesen. Die aber sagte: ›Die dämliche K … (ich möchte das Wort hier nicht ausschreiben) soll mit ihrem Kurtchen lieber dafür sorgen, dass der Oggersheimer Saumagenfresser endlich aus dem Kanzlersessel gekippt wird, statt dass sie uns Ossis Ratschläge gibt, die sie sich schenken kann, weil die vom Westen plattgemachten DDR-Betriebe davon auch nicht wieder lebendig werden und ich arbeitslos bleibe.‹

Und so weiter!

Ich konnte mir nur die Ohren zuhalten. Habe dann aber doch Ihren werten Rat beherzigt und auf einer Aussprache mit meiner Gattin bestanden. Darauf hat sie gesagt: ›Karascho. Aber erst gehst du mit mir am Mittwoch in die PDS-Versammlung.‹ – Bin ich also notgedrungen mitgegangen. Und jetzt kommt der Knalleffekt: Ich hör' den roten Socken zu und hab' nach einer Weile das Gefühl, dass die ja vielleicht doch recht haben.

Seitdem funktioniert unsere Ehe wieder, und zwar in jeder Hinsicht! Morgens schmiert mir meine Frau wieder die Brötchen, und sonntags spendiert sie mir immer ein Ei. Und dann lesen wir beim Kaffee gemeinsam das *Neue Deutschland*.

Das habe ich Ihren lieben Zeilen zu verdanken. Deshalb auch Ihnen alles Gute!

Ihr

Terenz Abt«

Wolfgang Fürniß

Im brandenburgischen Wahlkampf 1998 hatte der stellvertretende Ministerpräsident – siehe oben – Schönbohm angekündigt, einen renommierten »Wirtschaftsmann aus der ersten Reihe« aus dem Westen nach Potsdam zu holen. Nach der Wahl erschien dann auch dieser Mann aus der ersten Reihe. Er hieß Wolfgang Fürniß. Dass er sich irgendwann fälschlich als Professor ausgegeben hatte, wurde erst später publik.

Die *Berliner Zeitung* vom 1. Oktober 1999 hatte den Mann trotz Schönbohms Voraus-Werbung mit einiger Skepsis vorgestellt (»Merkwürdige Überraschung aus Heidelberg«) und das begründet: »Im vergangenen Jahr hat er noch in Heidelberg die Bürgermeisterwahl verloren, nun wird er für die CDU Brandenburgs neuer Wirtschaftsminister. Der Baden-Württemberger Wolfgang Fürniß, 55 Jahre alt und studierter Politikwissenschaftler, ist die große Überraschung in Manfred Stolpes neuem Kabinett.«

Mit westdeutschem Firnis macht selbst ein Fürniß im Osten Karriere

Zwar sei Fürniß von 1992 bis 1999 bei der Heidelberger Software-Firma SAP im Personalbereich tätig gewesen und hätte dann die Funktion eines »Generalbevollmächtigten« übernommen. Dieser Posten wäre aber nach seinem Weggang ersatzlos gestrichen worden. Diplomatisch formulierte das Blatt: »Andere Quellen bei SAP äußern sich ›sehr verwundert‹ über Fürniß' Ernennung zum Wirtschaftsminister. Bei SAP habe er nur dem Titel nach zu den Top-Leuten gezählt. ›Aber jeder kann mit seinen Aufgaben wachsen.‹«

Von 1973 bis 1984 hatte Fürniß bei der baden-württembergischen Landesregierung gearbeitet. Er war Mitarbeiter von Ministerpräsident Lothar Späth und danach Büroleiter beim Innenminister, dem späteren Bundespräsidenten Roman Herzog.

Weiter die *Berliner Zeitung*: »1984 bis 1992 war Fürniß Oberbürgermeister von 25.000 Einwohnern im badischen Wiesloch. Mit 60 Prozent der Stimmen war er gewählt worden. ›Mit dem Bau der Stadthalle hat er sich hier ein Denkmal gesetzt‹, sagt ein SPD-Kommunalpolitiker. [...] Als durch das 62-Millionen-Projekt die Stadtkasse leer war, sei Fürniß überraschend nicht wieder zur Wahl angetreten. Kritiker hatten den Bau als überdimensioniert bezeichnet. [...]

An Fürniß repräsentativen Fähigkeiten zweifelt niemand. ›Er ist ein exzellenter Redner‹, sagt eine Wieslocher CDU-Politikerin. ›Er braucht Publikum.‹ 1998 hatte Fürniß den Wiedereinstieg in die Politik versucht. Er wurde Bürgermeisterkandidat der CDU in Heidelberg, nachdem zwei andere Kandidaten abgesagt hatten. Zu Beginn des Wahlkampfs trat Fürniß mit einem Professorentitel auf. Dieser stamme aus China, heißt es; üblicherweise bedarf es einer Ausnahmegenehmigung, um einen solchen Titel in Deutschland zu führen. ›In Uni-Kreisen hat es für Erstaunen gesorgt, dass Fürniß es nötig hatte, diesen Titel zu führen‹, sagt ein Heidelberger Professor.

Fürniß gewann bei der Bürgermeisterwahl nur 20 Prozent der Stimmen. Der überraschte Kommentar eines Kommunalpolitikers zur Minister-Nominierung: ›Für mich war das ein gescheiterter Mann.‹«

Dieser Mann schien sich gründlich geirrt zu haben, denn der *Spiegel* hatte Fürniß 2002 folgende euphorisch-literarische Laudatio gewidmet: »Sanft wehte der Wüstenwind durch das nächtliche Dubai, als am Pool des vornehmen Hotels Intercontinental Orient und Okzident aufeinander prallten. Der Trupp Brandenburger Unternehmer, der sich in jener arabischen April-Nacht im Jahr 2000 über die auf Silbertabletts kredenzten Gaumenfreuden hermachte, träumte von prall gefüllten Auftragsbüchern; die Gastgeber dagegen beäugten eher skeptisch, wen sie sich da ins Land geholt hatten.

Nur ein Mann flanierte scheinbar spielend zwischen den Welten: Dr. Wolfgang Fürniß, Wirtschaftsminister von Brandenburg und Anführer der Teutonen. In feinstem Business-Englisch dozierte der Christdemokrat über regionale Märkte und globale Kooperationen, über Golf und die Welt. Und über eine milliardenteure Chip-Fabrik, die er mit arabischem Geld in der fernen Heimat zu errichten gedenke.

Zurück in Brandenburg wusste der kosmopolite Minister später launige Geschichten zu berichten. Neben der Chip-Fabrik seien die Araber vor allem von den mitgebrachten Spreewaldgurken begeistert gewesen. ›Chips und Gurken‹, so Fürniß zum *Tagesspiegel*, seien ›eine charmante Perspektive für die Zusammenarbeit Brandenburgs und Dubais‹.«

Unterbrechen wir hier die *Spiegel*-Eloge und kehren nach Potsdam zurück. Dort hatte der Wiesloch hinter sich lassende und in Heidelberg bei der Oberbürgermeisterwahl gescheiterte Fürniß sich mit jenen in Dubai erwähnten Projekten bereits einen Namen zu machen gewusst, wenn auch einen kritikwüdigen. Ende September 2001 ließ das renommierte *Manager-Magazin* den deutschen Geldadel wissen, dass in Brandenburg demnächst Riesenluftschiffe entstünden: »In Brand, südlich von Berlin, startete Brandenburgs Wirtschaftsminister Wolfgang Fürniß (CDU) mit einem symbolischen Knopfdruck den Zuschnitt der ersten 260 Meter langen Bahn für die Hülle des Luftschiffes vom Typ CL 160. Dessen Serienfertigung ist von 2004/05 an vorgesehen. Das erste Luftschiff soll Anfang 2004 abheben, der Prototyp des kleineren CL 75 Air Crane nach Tests erstmals 2002/03 zum kommerziellen Lastentransport aufsteigen.«

Es gab genug Zweifler in der Branche, aber das Vorhaben fand den Beifall der bundesdeutschen Politik-Obrigkeit: »Vor dem offiziellen Produktionsstart hatte Bundespräsident Johannes Rau gemeinsam mit seiner Frau Christina und 140 Mitarbeitern des Bundespräsidialamtes das Werftgelände im Rahmen eines Betriebsausfluges besucht. Es liegt auf dem einst größten Militärflugplatz der sowjetischen und später russischen Armee.

Der Bau der ›Fliegenden Kräne‹ biete der Region eine wichtige wirtschaftliche Chance, bemerkte das Staatsoberhaupt und wünschte dem Projekt viel Erfolg. Zur Montage wurde die mit 360 Metern Länge größte freitragende Halle der Welt errichtet. Die Traglast der Zeppeline soll einmal bis zu 160 Tonnen betragen. Neben dem Transport von Maschinen und Anlagen könnten sie auch für Bergungsarbeiten bei Katastrophen eingesetzt werden.«

Der Knopfdruck von Fürniß aber blieb ohne Ergebnis. Am Ende wurde die Halle in ein palmenbestandenes Feriendomizil umgewandelt. Fürniß aber hatte in Dubai Fäden geknüpft, die neben riesigen Luftschiffen auch Aufschwung durch Minichips versprach. Was der von General Schönbohm als »Mann der ersten Reihe« empfohlene Wieslocher tatsächlich tat, wurde bald unübersichtlich. Hier der Versuch einer knappen Chronik:

7.2.2001: Fürniß überrascht die Öffentlichkeit mit der Ankündigung, in Frankfurt (Oder) eine supermoderne Chipfabrik zu errichten. Beifall von allen Seiten, allerdings auch schon bald Kritik, weil Fachleute die Finanzplanung für irreal halten.

25.4.2001: Die Grundsteinlegung wird »verschoben«, schließlich beginnen die Arbeiten ohne Festakt.

12.9.2001: Fürniß versichert, die Finanzierung werde bis Jahresende abgeschlossen.

Im Februar 2002 tat sich laut *Spiegel* folgendes: »Auf dem Privatkonto eines Kunden der Mittelbrandenburgischen Sparkasse in Potsdam tauchte plötzlich eine Million Dollar auf. Die Sachbearbeiter des gutbürgerlichen Kreditinstituts gerieten in helle Aufregung: Das Konto gehörte Wolfgang Fürniß, dem Wirtschaftsminister – und die Million hatte ein Scheich aus den Vereinigten Arabischen Emiraten geschickt.

Die Kontoführer taten, was das ›Gesetz über das Aufspüren von Gewinnen aus schweren Straftaten‹ – kurz Geldwäschegesetz – vorschreibt: Sie alarmierten das Landeskriminalamt in Eberswalde.

Die Ermittler stießen auf eine abstruse Geschichte, die wie ein Märchen aus Tausend-und-einer-Nacht klang. Erzählt wurde sie ihnen von Fürniß selbst.

Bei seinen Meetings – der ›rührige Minister‹ *(Bild)* war immer wieder nach Dubai gereist, um für den Bau der Chip-Fabrik in Frankfurt (Oder) und andere Joint Venture zu werben – will der Wirtschaftslenker die Bekanntschaft eines reichen Mannes gemacht haben. Schnell habe er so viel Vertrauen zum neuen Freund gefasst, dass er dem von seinen finanziellen Nöten berichtet habe – ihn würden nämlich Steuerschulden in Millionenhöhe plagen.

Der Scheich muss schnell begriffen haben, was das für einen leibhaftigen deutschen Wirtschaftsminister bedeutet. Als sei er ein Dschinn, ein Geist aus der Wunderlampe, schickte er dem märkischen Aladin die Dollar nach Potsdam.

So weit, so schlecht.

Die Verdachtsanzeige der Bank, die wenig später beim zuständigen Dezernat Vermögensabschöpfung einging, elektrisierte die Fahnder der Finanzermittelungsgruppe 27/2. Nachdem die Staatsanwaltschaft Frankfurt (Oder) ein formelles Ermittlungsverfahren gegen Fürniß eingeleitet hatte, fuhren die Polizisten, wie ein Beamter sagt, ›das ganz große Programm‹. Dazu gehören in der Regel die Einschaltung des Bundeskriminalamts, Abfragen in der Polizei-Datenbank ›DOK Geldwäsche‹, verdeckte Ermittlungen und bei Auslandsverwicklung auch die Einschaltung von Nachrichtendiensten. Denn die Ermittler beschlich ein schwer wiegender Verdacht: Stand die Dollarmillion im Zusammenhang mit der Chip-Fabrik? Hatte Fürniß Schmiergeld erhalten?

Nach wochenlangen Recherchen baten die Beamten den Delinquenten zum Gespräch – und suchten ihn mit äußerster Diskretion in seinem Ministerbüro auf. Fürniß sagt, dabei habe er ›alle Fragen beantwortet und damit beweisgeeignet belegt‹.

Die Fahnder wurden zwar noch einmal stutzig, als sich noch während der Überprüfung der Angaben auf Fürniß' Konto erneut Seltsames tat: Eine weitere Tranche – rund 500.000 Dollar – lief in der Sparkasse ein, wurde jedoch wenige Tage später von Fürniß hastig zurücküberwiesen. Er habe das Geld nicht mehr gebraucht, erklärte der Minister – und die Ermittler stellten das Verfahren ein.

Jörg Schönbohm wollte von Fürniß erst informiert worden sein, als der die Aufdeckung fürchten musste – die Einstellung des Verfahrens rettete vorerst des Ministers Karriere. Doch der Landesvater und sein Vize wissen: Was strafrechtlich nicht relevant ist, kann politisch dennoch ein Desaster sein. Vor allem dann, wenn, wie bei Fürniß, Schein und Sein offenbar weit auseinander klaffen.«

Der *Spiegel* kannte kaum noch Gnade bei dem Mann »aus der ersten Reihe«: »Als es dann um die Chip-Fabrik in Frankfurt (Oder) und die erhoffte Investition von rund 1,5 Milliarden Euro für 1.300 Arbeitsplätze ging, agierte der Professor zweiter Klasse wie in einem schlechten Spionagefilm. Nachdem er das Prestigeprojekt lange als geheime Kommandosache behandelt hatte, versah er die potenziellen Investoren selbst noch in der Kabinettsvorlage mit Tarnbezeichnungen – den US-Chip-Hersteller Intel mit dem phantasievollen Decknamen ›Silicon AG‹, das Konsortium aus Dubai mit ›Sand‹. […]

Sein Gönner aus dem Morgenland, sagt Fürniß, habe mit der Chip-Fabrik und Subventionen nichts zu tun. Jede Frage nach Schmiergeld sei abwegig. Mindestens ebenso spannend ist aber eine andere Frage: Wie kommt ein Minister mit gut 10.000 Euro Bezügen zu einer Steuerschuld, die eine Million Dollar schluckt?

Das ist wiederum eine Geschichte aus dem deutschen Wirtschaftsalltag, die mit Märchen nichts zu tun hat.«

Deshalb ist diese Geschichte auch ellenlang und verlangt vom Leser beträchtliche Kenntnisse in der Firmentrick-Literatur. Um es kurz zu machen: Fürniß war in die Rolle eines »stillen Teilhabers« geschlüpft und hatte Vereinbarungen unterschrieben, die ihm bei seinem Wechsel nach Potsdam einiges Geld eintrugen. Gemunkelt wurde, dass es sich um zwei Millionen gehandelt habe. So landete er bei Steuerschulden – angeblich hatte er sich nur »verrechnet« –, und die hatte ihm nun der unbekannte Scheich kreditiert.

Alles Methoden, die ihn als Minister in den neuen Ländern empfahlen, denn es hatte sich einiges ereignen müssen, ehe man dem Minister auf die Finger sah.

In der taz widmete edition-ost-Autor Michael Bartsch den Vorfällen am 21. Oktober 2003 einen aufschlussreichen Kommentar. »Hundert Transistoren aus DDR-Produktion – nur 1,95 EUR im Sortiment!‹ Der ›Pollin‹-

Bastlerversand bietet sie heute noch an, die einst begehrten Produkte aus dem VEB Halbleiterwerk Frankfurt (Oder), die einst die Basis der DDR-Elektronik bildeten. 8.000 Menschen waren hier einmal beschäftigt. Von ihnen blieben nach der Wende nur etwa 30 Minifirmen und das 1983 gegründete Institut für Halbleiterphysik (IHP). Es kam 1991 auf die gemeinsam von Bund und Land finanzierte Blaue Liste. Ein Iraner mit amerikanischem Pass und internationaler Marketingerfahrung namens Abbas Ourmazd übernahm 1995 die Geschäftsführung.

Mit ihm begann der neue Traum Frankfurts, ein Silicon Valley an der Oder zu werden. Im IHP wurde eine inzwischen patentierte Technologie für einen Superchip der Mobilfunkbranche entwickelt. Ourmazd aber wollte sie nicht verkaufen, sondern selbst produzieren. Die Idee der mit 1,3 Milliarden Euro größten Privatinvestition in Ostdeutschland nahm im August 2002 Gestalt an. Zur Grundsteinlegung reisten Bundesbildungsministerin Bulmahn, Brandenburgs Ministerpräsident Matthias Platzeck und sogar Mitglieder des Königshauses aus Dubai an. ›Wir haben eine Mission zu erfüllen‹, orakelte Ourmazd damals, der zugleich zum Interimsvorstandsvorsitzenden der Communicant AG berufen worden war, das 2001 gegründete Betreiberunternehmen. Er wollte die ›Region als Hochtechnologiestandort etablieren‹.

Balsam für die zu mehr als 20 Prozent von Arbeitslosigkeit betroffenen Frankfurter, von denen sich in kürzester Frist gleich 5.000 um die angekündigten 1.300 Arbeitsplätze bewarben. Nach wie vor hoffen sie auf das ›Wunder an der Oder‹. Die Stadt hat bereits 10 Millionen Euro in das Gewerbegebiet und die Infrastruktur investiert. Eine Bürgerinitiative sammelte in der letzten Woche mehr als 6.000 Unterschriften, schrieb dem Kanzler und veranstaltete am Wochenende ein symbolisches Richtfest an dem bereits weitgehend fertig gestellten Rohbau. Motto: ›Ja oder Ja!‹ Doch Ministerpräsident Platzeck konnte ›noch keine guten Nachrichten‹ überbringen.

Ähnlich offen war ein Besuch von Bundeskanzler Schröder in Dubai Anfang Oktober ausgegangen. Knackpunkt ist die Gewährung einer staatlichen Bürgschaft im Umfang von mehr als 600 Millionen Euro, über die heute der interministerielle Bürgschaftsausschuss mehrerer Bundes- und Landesministerien in Berlin entscheiden soll.

Denn die Euphorie ist längst verflogen. Da ist zum einen die ungeklärte Finanzierung. Die Scheichs aus Dubai tragen 250 Millionen Dollar. Im Vertrag ist die parallele Errichtung einer baugleichen Fabrik im Emirat vorgesehen. Der Intel-Konzern ist mit 40 Millionen Dollar beteiligt. Dann beginnt bereits das öffentliche Finanzrisiko.

Zum eher bescheidenen Eigenkapitalsockel trägt die Landesinvestitionsbank Brandenburg mit 38 Millionen Euro bei und bürgt noch mit 37 Millionen. 320 Millionen Euro direkter Fördermittel sind außerdem bei der EU beantragt. Ein Bescheid ist noch nicht ergangen. Für die restlichen 750 Millionen Investitionskosten verlangt ein internationales Bankenkonsortium jene umstrittene 80-prozentige staatliche Bürgschaft. Offenbar sind auch private Geldgeber vom Erfolg des Unternehmens wenig überzeugt.«

Um es kurz zu machen: Am 28. November 2003 war der Traum ausgeträumt. Die beteiligten Firmen kamen überein, eine stille Liquidation einzuleiten.

Auch der Minister aus der ersten Reihe wurde ohne viel Aufhebens entlassen. Allerdings musste er 2004 noch vor dem Untersuchungsausschuss des Landtages einige Fragen beantworten. Dort räumte er ein, dass es »Defizite bei der Planung« gegeben hatte und die von ihm für sechs Jahre garantierte 40-prozentige Absatzgarantie nie tatsächlich zugesagt worden war. Das hatte er im Februar

2001 erklärt. Einen Monat später hatte Fürniß im Wirtschaftsausschuss des Landtages sogar eine 70-prozentige Absatzgarantie versichert und mit dieser Zusage die Zustimmung des Landtags erreicht.

Bliebe noch festzustellen: Im November 2007 wurden die Ermittlungen der Staatsanwaltschaft gegen Fürniß eingestellt. Der Sprecher der Staatsanwaltschaft, Christoph Lange, begründete das so: »Aus strafrechtlicher Sicht ist das erlaubte Risiko nicht überschritten worden.«

Nach seinem Gastspiel in Brandenburg verdingte sich Fürniß als Berater in China, und nach vorliegenden Informationen soll er derzeit bei der Beraterfirma »alsus« tätig sein, dessen Website verspricht: »Vor dem Hintergrund der Entstehung neuer Märkte und einer zunehmenden Globalisierung ist ein starkes Netzwerk für das ›Behaupten in den Strukturen von Morgen‹ unerlässlich.«

Und dafür sorgt auch Wolfgang Fürniß.

Christoph Stölzl

In offiziellen und auch in weniger offiziellen Dokumenten wird er als »deutscher Historiker und Politiker« vorgestellt. In manchen Quellen fand sich hinter dem Politiker noch in Klammern der Hinweis »CDU«, aber das war unvollständig, dieweil Christoph Stölzl zunächst Mitglied der FDP war und erst später von den freien zu den christlichen Demokraten wechselte. Geboren worden war er 1944 in Westheim bei Augsburg, die Schule und eine Universität besuchte er in München.

1974 wurde Stölzl Mitarbeiter des Bayerischen Nationalmuseums, 1977 Wissenschaftlicher Assistent an der Münchner Universität, 1980 Direktor des Münchner Stadtmuseums. Eine seiner – wird versichert – erfolgreichsten Ausstellungen war »Das Oktoberfest – 175 Jahre bayerischer Nationalrausch«.

Die muss auch einem Berliner Politiker gefallen haben, denn 1984 holte ihn dieser als Ratgeber für ein Pro-

Ein Tausendsassa:
Stölzl kann einfach alles

jekt »Forum für Geschichte und Gegenwart« an die Spree. Damit reüssierte er auch bei Kanzler Kohl, und da sich unter den 1990 »beigetretenen« Objekten auch das Museum für deutsche Geschichte befand, wurde Stölzl über Nacht dorthin abkommandiert und zum Chef des nunmehr »Deutsches Historisches Museum« genannten Hauses ernannt. Ein Professorentitel kam hinzu.

Kurz zuvor war als Leihgabe der Marschallsstab von General Wrangel für eine Westberliner Bismarck-Ausstellung gegeben worden. Aber dann las man: »Seit letztem Sonnabend sind diese Leihgaben keine mehr; an diesem Tag hörte das ›Museum für Deutsche Geschichte‹ auf zu existieren.«

Diese Entscheidung gehörte zu einem der vielen Paragrafen des »Einigungsvertrages«.

Stölzl zog Unter den Linden 2 ein und damit in das älteste Gebäude der Straße. Dort wurde von nun an nicht mehr für den Sozialismus geworben. Die letzte Ausstellung »Sozialistisches Vaterland DDR« war noch im November 1989 im Eiltempo abgeräumt worden.

Der Bayer Stölzl übernahm die stattliche Sammlung des Zeughauses bis hin zur Uniform Friedrichs des Großen. Doch auch andere Aufgaben waren zu lösen, vermerkte der *Spiegel* in Heft 38/1990: »Ihn erwarten auch 188 Mitarbeiter, vom Historiker bis zum Türschließer, die er, laut Einigungsvertrag, großenteils zu übernehmen hat. Dem neuen Hausherrn fällt nun die wenig beneidenswerte Aufgabe zu, das Personal auf seine Tauglichkeit zu überprüfen.«

Der Begriff »Tauglichkeit« verriet, was man von ihm erwartete. Stölzl hat sich nie darüber geäußert, wie er diese Eigenschaft herausfand, aber es gab auch keinen Hinweis darauf, dass der Mann aus Westheim anders vorging als andere »Flachzangen«.

Einmal in die Branche der Historiker, die die DDR »aufarbeiteten«, eingereiht, wurde er 1994 auch noch

Vorsitzender des »Vereins Museum Karlshorst«, auf dessen Website man seitdem erfahren kann, was bei der Kapitulation 1945 »Legende« und was »Wahrheit« ist.

Als, das nur nebenbei, Armeegeneral a. D. Heinz Keßler Mitte der 90er Jahre seine Memoiren vorlegte, war sein Verlag, die edition ost, der Überzeugung, dass der Kinosaal des Zeughauses ein geeigneter Ort sei, die Erinnerungen dieses Militärs und Antifaschisten vorzustellen. Der damals 21-jährige Wehrpflichtige hatte unmittelbar nach dem Überfall Hitlerdeutschlands auf die Sowjetunion die Wehrmacht verlassen und war zur Roten Armee übergetreten. Keßler gehörte 1943 zu den Mitbegründern des Nationalkomitees »Freies Deutschland« und zwei Jahre später zu den Befreiern Berlins.

Stölzl erteilte dem Ansinnen eine Absage. Er wollte zwar Keßlers Uniform und Orden, nicht aber ihn leibhaftig im Hause haben.

Der weitere Lebensweg Christoph Stölzls ließe sich fast als atemberaubend bezeichnen.

Eines Tages im Jahre 1999 verließ er das museale Zeughaus und wechselte einige Straßen weiter zu Springer, wo knallharte Tagespolitik gefragt war. Dort wurde er Chef des Feuilletons bei der *Welt* und auch gleich deren stellvertretender Chefredakteur.

Ein Jahr darauf legte er den Amtseid als Berliner Wissenschaftssenator ab.

Als die große Koalition zwölf Monate später scheiterte, wurde er in das Abgeordnetenhaus gewählt. Dort amtierte er bis 2006 als dessen Vizepräsident.

Inzwischen hatte er den Wechsel zur CDU vollzogen, und zwar nicht etwa als einfaches Mitglied – von 2002 bis 2003 war er Landesvorsitzender der Berliner Christdemokraten und Mitglied des CDU-Bundesvorstandes.

Zu jener Zeit gab er als Tätigkeit »freiberuflicher Publizist« an. Er moderierte beim *rbb* die TV-Talkshow »Im Palais«, übernahm einen Lehrauftrag an der Hochschule für Musik »Hanns Eisler«, war Honorarprofessor am Institut für Kultur- und Medienmanagement der Freien Universität und nebenbei auch noch Kurator für die Bewerbung der Stadt Braunschweig zur Kulturhaupt-stadt Europas. Nicht vergessen werden darf sein Job als Geschäftsführer in der Villa Grisebach Auktionen GmbH.

Natürlich blieben ob solch rührigen Tuns auch Auszeichnungen nicht aus: Bundesverdienstkreuz Erster Klasse, Österreichisches Ehrenkreuz für Wissenschaft und Kunst, Ritter des Nordsternordens des Königreichs Schweden, Ritter der französischen Ehrenlegion …

Kurzum: Stölzl hatte auf der Karriereleiter die Sprosse einer herausragenden Persönlichkeit erreicht. Henryk M. Broder widmete ihm im *Spiegel* ein solchem Aufstieg bis zum Berliner Wissenschaftssenator Rechnung tragendes Porträt. Der Zyniker Broder, dem sonst nichts heilig ist, wird regelrecht hymnisch.

»Es muss alles gleich angepackt werden, zum Proben und Warmlaufen ist keine Zeit. Warum tut er sich so etwas an? Ja, das habe ihn Diepgen beim ersten Gespräch auch gefragt. Und da seien ihm drei Gründe eingefallen. Erstens sei es ›eine große Herausforderung, die schwierige Lage in Berlin wieder in den Griff zu bekommen und die Wissenschaft und die Kultur von dem zu befreien, was derzeit ihr Hauptinhalt zu sein scheint, die Frage ihrer Finanzierung‹; zweitens sei es ›nur gut, wenn der Kultursenator aus der Kultur kommt‹; und drittens habe er ›lange darüber nachgedacht, wer es sonst machen könnte, und bin auf niemanden gekommen‹.

So viel Aufrichtigkeit provoziert Widerspruch. Er war doch gar nicht die erste, sondern die letzte Wahl, Diepgens Notlösung einer Krisenlage – oder? ›Ich finde es überaus ehrenvoll, die letzte Wahl zu sein, weil es bedeutet, dass man wirklich gebraucht wird, das finde ich ganz prima.‹ […] Stölzls Synthese aus Großmäuligkeit und Pragmatismus ist entwaffnend […] ›Von Texas aus betrachtet, herrscht bei uns der Bolschewismus, und das in allen Parteien.‹ […]

Stölzl selbst kann keine Noten lesen, aber Klavier, Banjo, Bass, Gitarre und Posaune spielen. ›Ich bin kein Musiker, ich bin ein Musikant.‹«

Man gerät ins Grübeln: Gibt es irgendetwas, was er auf dieser Welt nicht übernehmen könnte? Diese Frage beantwortete er noch mehr als einmal.

In der *Berliner Morgenpost* schrieb er eine Zeit lang täglich ein »Tagebuch«. Auch am 14. Mai 2010. »In meiner Brieftasche verwahre ich einen kleinen Zettel. […] Den kleinen Text habe ich vor vielen Jahren einmal aus einem Ausstellungskatalog kopiert. Er ist nahe an meinem Herzen deponiert, weil sein Sinn mir so unverzichtbar vorkam, dass ich ihn immer greifbar haben wollte. Es handelt sich um J. W. von Goethes eigenhändiges Manuskript des berühmten Satzes: ›Edel sey der Mensch, / hülfreich und gut, / denn das allein unterscheidet ihn / von allen Wesen, / die wir kennen.‹

Wenn man fragt, was die Deutschen in den letzten zweihundertfünfzig Jahren der Welt Gutes gegeben haben, dann fällt unweigerlich das Wort ›Weimar‹. […] Von ›Weimar‹, auch in seinen späteren Erscheinungsformen, vom Bauhaus etwa, zehren wir in unserer Traditionsbildung bis heute.

Ich bin deshalb immer wieder gern nach Weimar gefahren und habe mich dem Staunen darüber hingegeben, wie überschaubar, wie intim der Ort ist, von dem so viel Großes ausgegangen ist. Weit ist es ja nicht, der Zug braucht keine zweieinhalb Stunden von Berlin dorthin.

Nun hat der magische Zettel auf überraschende Weise seine Wirkung getan. Man hat mich zum Präsidenten der ehrwürdigen Weimarer Hochschule für Musik ›Franz Liszt‹ berufen. Mitzutun bei der Jahrhundertaufgabe, für die Weltsprache Musik, die so viel deutsche Elemente hat, den Weg in die Zukunft zu bahnen – kann ein notorischer Kulturmensch da Nein sagen?«

Christoph Stölzl sagte bisher nie »Nein«, wenn man ihm einen neuen Job offerierte. Er kann – siehe Broder – keine Noten lesen, aber er hält sich an Goethe und ist wieder einmal »hülfreich und gut«.

Vielleicht sollte der Leser wissen, dass Ottmar Gerster hier von 1948 bis 1952 als Rektor tätig war, und vielleicht auch, welchen Ossi der Wessi Stölzl ablöst.

Rolf-Dieter Arens wurde am 16. Februar 1945 in Zinnwald geboren und erhielt seinen ersten Klavierunterricht bereits mit fünf Jahren. Von 1963 bis 1968 studierte er an der Leipziger Hochschule für Musik Klavier (bei Prof. H. Volger) und Kammermusik (bei Prof. L. Schuster). Nach einer zweijährigen Aspirantur absolvierte er Meisterkurse bei Paul Badura-Skoda in Wien. Danach unterrichtete er von 1970 bis 1986 Klavier an den Musikhochschulen in Leipzig und Weimar. 1986 wurde Rolf-Dieter Arens zum ordentlichen Professor für Klavier an die Hochschule für Musik FRANZ LISZT Weimar berufen.

Neben der Lehrtätigkeit festigte Rolf-Dieter Arens in einer umfangreichen Konzerttätigkeit als Solist und Kammermusiker, die ihn durch Deutschland, viele Länder Europas sowie nach Japan und Südkorea führte, auch seinen Ruf als Konzertpianist. Er spielte u. a. unter den Dirigenten Masur, Blomstedt, Marriner und Janowski. Zahlreiche Rundfunkproduktionen, Fernsehaufnahmen und CD-Einspielungen liegen von ihm vor.

1982 erhielt Rolf-Dieter Arens den Kunstpreis der DDR. 1986 wurde er an das Berliner Sinfonieorchester berufen, wo er bis 1991 als Solist wirkte. Seither gab er zahlreiche Meisterkurse in Deutschland, Schweden sowie Südkorea und wirkte als Juror bei internationalen Wettbewerben in Bolzano, Budapest, Dublin, Santander, Utrecht, Weimar und Wien. 1993 bis 1999 war Rolf-Dieter

Arens Künstlerischer Leiter der Internationalen Sommer-
musikakademie Schloss Hundisburg, 1995 gründete er
zudem die Kammermusikvereinigung Weimarer Solisten.
1999/2000 amtierte er als Präsident der Franz-Liszt-Gesell-
schaft Weimar. Seit dem Jahre 2000 ist er Vorsitzender des
Internationalen FRANZ LISZT Klavierwettbewerbs Weimar sowie Künstlerischer Leiter des Liszt-Festivals in Weimar. Seit Juli 2001 war Prof. Rolf-Dieter Arens Rektor der
Hochschule für Musik FRANZ LISZT Weimar.

Nun ist – nach dem neuen Thüringer Hochschulge-
setz wird jeder von außen kommende Rektor der 1872
gegründeten Hochschule fortan den Titel »Präsident« tragen – kein Musiker Präsident, sondern – nach eigenem
Bekunden – ein »Musikant«.

Ob Weimar stolz darauf ist?

Friedrich Hennemann

Dieser Mann erscheint auf den ersten Blick als ein Rund-um-Ehrenmann. Geboren 1936 in Worpswede vor den Toren Bremens, einer Stadt, deren Name schon solide, seriös und ehrenwert klingt. Das Kaufmannshandwerk erlernte er beim renommierten Norddeutschen Lloyd, holte nebenbei das Abitur nach, wechselte danach in die Bremer Schiller-Apotheke, absolvierte dort ein pharmazeutisches Praktikum, studierte in Karlsruhe Pharmazie, trat in die SPD ein und promovierte mit Hilfe eines Stipendiums der Volkswagenstiftung. Danach war er in der chemischen Industrie tätig. Auf den ersten Blick also so gar nichts von einer »Flachzange«.

Dann: Mit 41 Jahren Senatsdirektor und mitten in der Werftenkrise als Amateur in dieser Branche an die Spitze der Bremer Vulkanwerft geholt. Über Nacht lasteten alle Bremer Hoffnungen auf Hennemann, Tausende Werftarbeiter bauten auf ihn.

Apotheker Hennemann:
Er holte Milliarden aus dem
Osten nach Bremen

Was ihm dann allerdings einfiel, war ein übler Trick, den er wohl weder beim Norddeutschen Lloyd noch in der Schiller-Apotheke gelernt haben dürfte und den der Durchschnittsbürger kaum nachvollziehen kann. Hier ein Versuch, den Trick knapp und gewiss oberflächlich zu beschreiben:

Die 1990 von der Treuhand aufs Abstellgleis geschobenen – angeblich »maroden« – DDR-Werften in Wismar und Stralsund sollten der Optik wegen nicht auf Anhieb plattgemacht werden, weshalb man ihnen beträchtliche Summen aus dem Treuhandfonds versprach. Hennemann dürfte das erfahren haben, kaufte über Nacht beide Werften bei der so verkaufswilligen Treuhand und sorgte dafür, dass die für die »maroden« Unternehmen bewilligten Investitionsmittel zügig nach Bremen weitergeleitet wurden, wo sie nicht den vermeintlich »maroden« volkseigenen Werften gutgeschrieben wurden, sondern den Zusammenbruch der rundum tatsächlich maroden Vulkanwerft vereitelten. Ein Trick mit der Rohrzange, der auffliegen musste und Hennemann folgerichtig auch eines Tages im Knast landen ließ.

Der *Spiegel* 18/1996 beschrieb, wie die Treuhand – der die Manipulation nicht entging – zu retten versuchte, was noch zu retten war. »Als nichts mehr ging, flüchtete Heinrich Hornef in die Offensive: Wenige Tage nach dem Vergleichsantrag des Bremer Vulkan stellte der Präsident der Bundesanstalt für vereinigungsbedingte Sonderaufgaben (BvS) (*die Nachfolgeorganisation der Treuhand – K. H.*) ›Strafantrag‹ gegen den Vorstand des Werften-Verbundes. Der Öffentlichkeit präsentierte Hornef auf einer Pressekonferenz beeindruckende Zahlen: 1,5 Milliarden Mark habe der Konzern zur Sanierung der vier ostdeutschen Schiffbaubetriebe von der Treuhand erhalten, 854 Millionen davon seien im Westen verschwunden.

Das ist nur die halbe Wahrheit. Tatsächlich kostet die Affäre Vulkan den deutschen Steuerzahler weit mehr, als die Verantwortlichen zugegeben haben: Der Bremer Konzern hat nach der Übernahme der Ostwerften weitere 975 Millionen erhalten, von denen bisher nie die Rede war.

Fast 2,5 Milliarden Mark – und nicht, wie offiziell behauptet, 1,46 Milliarden – flossen nach der Übernahme der Ostbetriebe in die Kasse des Werften-Konzerns. Das Geld hielt den Verbund, der wahrscheinlich schon zum Zeitpunkt der Vereinigung so gut wie pleite war, einige wenige Jahre künstlich am Leben.

Nun ist es weg, verspielt vom ehemaligen Vulkan-Chef Friedrich Hennemann, der seinen Visionen vom maritimen Superkonzern nachjagte und dabei die betriebswirtschaftlichen Grundregeln vernachlässigte. In den nächsten Tagen muss Hennemanns kurzzeitiger Nachfolger Udo Wagner den Konkurs beantragen – und sich dann einen neuen Job suchen.

In einem hatte es Hennemann in seinen Jahren als Vulkan-Chef zur Meisterschaft gebracht: in der Kunst, immer wieder flüssige Mittel herbeizuschaffen. Die Treuhand machte ihm dieses Geschäft allerdings auch leicht, sie stattete die Ostwerften, um sie loszuwerden, überreichlich mit Bargeld aus.

Der Vulkan-Chef wollte das Geld von Anfang an in seine Bremer Konzernkasse lenken. Die Treuhand sei mit der Anlage der Mittel im sogenannten zentralen Cash-Management des Konzerns nicht einverstanden gewesen, heißt es in einem als vertraulich gekennzeichneten Papier des Bundesfinanzministeriums für den Haushaltsausschuss des Bundestages. Der Vulkan habe es allerdings abgelehnt, diesen Punkt im Privatisierungsvertrag ausdrücklich zu regeln.

Dabei blieb es dann auch, die Treuhand leistete keinen Widerstand. Der Bericht aus dem Hause Theo Waigel erklärt dies mit der ›schwachen Verhandlungsposition‹ der Treuhand im Poker um die Privatisierung der Ostwerften.

[…] Die Herkunft dieses Geldes rührt noch aus Zeiten vor der Währungsunion vom 1. Juli 1990. Das Vermögen des ehemaligen Schiffbaukombinats mit all seinen Produktions-, Zuliefer- und Servicebetrieben bestand damals nicht nur aus harter West-Mark, die auf den Konten lagen, sondern vor allem aus Sachwerten.

Vielerorts an der Ostsee, auf Peene und Elbe lagen zu dieser Zeit Schiffe, teils seefertig, teils im Bau. Es waren schwimmende Fischfang-Fabriken und Frachter für die Sowjetunion, aber auch Container- und Fahrgastschiffe für Reeder im Westen. Alle waren sie bestellt, aber noch nicht abgeholt und schon gar nicht voll bezahlt. […]

Vermarkter der Schiffbau- und Reparaturaufträge war damals der AHB Schiffscommerz, einer von 49 Außenhandelsbetrieben, die in der DDR jeglichen Im- und Export der offiziellen Staatswirtschaft regelten. Mit der Währungsunion übernahm die Treuhand den Schiffscommerz-Betrieb – und befahl, wie bei fast allen Außenhandelsbetrieben, dessen stille Liquidation.

Zum Liquidator bestimmte die Treuhand den Münchner Anwalt Karl Tynek, der sich plötzlich ›als Deutschlands größter Reeder‹ sah. Ihm präsentierten die DMS-Werften – auch die, die nicht an den Vulkan gingen – ihre Rechnungen aus den Altaufträgen: insgesamt über zwei Milliarden Mark.

Die Werften mußten sich allerdings noch eine Weile gedulden, bis die Gelder eintrafen. […]

Zum Übergabestichtag 31. Oktober 1992 lagen also als Geschenk für den Vulkan 414,3 Millionen Mark freie Liquidität auf den Konten der Stralsunder Volkswerft: Hennemann mußte einfach zugreifen. […]

Dank dieser großzügigen Lösung konnte Vulkan-Chef Hennemann sein gesamtes Ost-Abenteuer aus der Steuerkasse finanzieren – und die Verluste aus dem Westen dazu. […] Ein Mann allerdings wird an der Schiffscommerz-Lösung noch länger Freude haben: Liquidator Tynek. Ihm stehen aus der Abwicklung der alten Schiffsverträge 14,5 Millionen Mark Honorar zu.«

So bereicherten sich alle an dem Deal mit den von der DDR-Volkswirtschaft errichteten Werften, die angeblich – das muss wiederholt werden – »marode« gewesen sein sollen.

Am 8. März 1999 begann der Prozess gegen drei führende Vulkan-Manager. Am Ende des einjährigen Verfahrens beantragte die Staatsanwaltschaft gegen Friedrich Hennemann viereinhalb Jahre Haft wegen Untreue in besonders schweren Fällen. Alle drei Angeklagten seien dafür verantwortlich, dass die Beihilfen für die Ostwerften verloren gegangen waren, erklärte Staatsanwalt Burkhard Quick.

Unterdessen waren die Werften in Wismar und Rostock durch viele Hände gegangen. Im Juni 2009 meldeten die Medien: »Das Schiffsbau-Unternehmen Wadan meldet Insolvenz an. Betroffen sind 2.700 Mitarbeiter an den Standorten Wismar und Rostock-Warnemünde. Die Landesregierung hat den seit einem Jahr in russischem Besitz befindlichen Werften weitere Finanzhilfen verweigert, nachdem bereits Kredite und Bürgschaften von Bund und Land in Höhe von insgesamt 220 Millionen Euro zugesagt worden waren.

Am 5. Juni 2009 stellten die deutschen Unternehmensteile der Wadan Yards Group AS, darunter auch die Wadan Yards MTW GmbH in Wismar, Insolvenzanträge beim Amtsgericht Schwerin. Zum Insolvenzverwalter wurde der Schweriner Anwalt Marc Odebrecht bestellt. Mitte August 2009 konnte der Insolvenzverwalter einen Investor präsentieren, der auch die Wismarer Werft übernahm. Der Leiter des Moskauer Nordstream-Büros Vitaly Yusufov, Sohn des früheren russischen Energieministers und Gazprom-Aufsichtsrats Igor Yusufov, erwarb die Vermögensgegenstände der deutschen Wadan-Unternehmensteile über die durch ihn ins Leben gerufene Nordic

Yards für ca. 40,5 Millionen Euro. Die nach wie vor insolventen deutschen Wadan Yards-Teile sind nach dem Verkauf aller Vermögensgegenstände jetzt eine juristische Hülle, über die die Gläubiger abgefunden werden sollen. Die Arbeit wurde damals wieder aufgenommen, doch fehlte es an neuen Aufträgen.«

Und dann kam die verblüffende Mitteilung: Der Betrugs-Skandal um den Bremer Vulkan-Konzern werde nach 14 Jahren zu den Akten gelegt. Ex-Chef Hennemann sei damit rehabilitiert. »Es ging um 854 Millionen Mark verschwundener Subventionen; um eine Werftenpleite, die vier Milliarden Mark Schulden hinterließ; um 15.000 verlorene Arbeitsplätze. Und Friedrich Hennemann war in dem Skandal, der Mitte der 90er Jahre für Schlagzeilen sorgte, die Schlüsselfigur. Nun ist er ein freier Mann. Rehabilitiert, zumindest juristisch. Nach fast 14 Jahren hat das Landgericht Bremen das Verfahren wegen Untreue gegen den ehemaligen Konzernchef der Bremer Vulkan AG eingestellt.«

Der Apotheker, der Tausende Ostdeutsche von ihrem Arbeitsplatz »befreit« hatte, gilt wieder als ehrenwerter Bürger.

Klaus Schucht, Wilfried Glock, Wolfgang Greiner

Das Trio kannte sich weder aus gemeinsamer Schulzeit noch aus einer Skatrunde. Es vereinte sich zu einer Bande, die Millionen stahl, als die bundesdeutsche Obrigkeit 1990 die Losung ausgab, die DDR zu de-industrialisieren. Die später wegen dieses Trios angelegten Akten – zu Prozessen kam es gegen zwei von ihnen, weil sie zu hemmungslos vorgegangen waren – füllten viele Regale.

Von ihrem Raubzug war schon oft genug die Rede, doch wurden die Details kaum publik, da der Vorgang immer wieder als »in gewisser Hinsicht« rechtens erklärt worden war. Zum einen, weil es sich um Betriebe eines »Unrechtsstaates« handelte, in denen angeblich nur gebummelt und geklaut worden war. Zum anderen hatte den Milliarden-Diebstahl die von der Bundesregierung eingesetzte Treuhandanstalt gleichsam legalisiert.

Klaus Schucht (1930-2001), als Vorstandsmitglied der Treuhand »zeichnete er für einige der größten, aber auch umstrittensten Privatisierungen der Treuhand verantwortlich«. (Wikipedia) Von 1995 bis 1999 Minister in Sachsen-Anhalt, danach im Aufsichtsrat eines Braunkohleunternehmens

Um den von der Obrigkeit erteilten Raubzug-Befehl im Schnellverfahren ausführen zu können, waren in den Bezirksstädten Filialen eingerichtet und alle angeworbenen »Flachzangen« zur Eile angetrieben worden. In dem organisierten Wettlauf der Filialen hatte sich die in Halle bald den Posten des Spitzenreiters erkämpft.

Noch heute erinnert man sich in der Saalestadt ungern daran, wie sich die Verantwortlichen für die öffentlich genehmigte Plünderung in der Regel jede zweite Woche in einer halleschen Gastwirtschaft trafen und dort mit potenten Geschäftspartnern bei Schweinehack, Pils und Pasta die nächsten Deals verabredeten. Ganz zu schweigen von den Geschäften, die noch so rund um die Uhr getätigt wurden. Wohin das führte, ließe sich damit illustrieren, dass sich ein Bayer, 32, der sein Jurastudium abgebrochen und auf Jobsuche in Halle unterwegs war, bei der Bewerbung in der Tür geirrt hatte und eine knappe Stunde später als Besitzer mehrerer Betriebe das Gebäude verließ. »Die beschwatzten mich solange, bis ich die Akten mitnahm«, mokierte sich später der Unternehmer wider Willen.

So wurden – immer den Auftrag zur zügigen »Privatisierung« im Kopf – reihenweise Betriebe an Glücksritter und Betrüger verhökert. Was die damit trieben? Die Konten der Firmen, die man für eine Mark erworben hatte, wurden abgeräumt, die Mitarbeiter entlassen und dann die Immobilie weiterverkauft.

Klaus Klamroth, der lange die Hallenser Filiale leitete, versicherte später, dass der »unglaubliche Zeitdruck« millionenschwere Pleiten, Pech und Pannen verursacht hätte, und entschuldigte sie mit der Erklärung: »Wenn im Durchschnitt pro Tag eine Firma verkauft wird, obwohl dafür eigentlich drei Monate nötig wären, dann können eben Fehler unterlaufen.«

»Privatisierungsdirektor« in Halle war Siegfried Glock. Der war aus der Stuttgarter Gegend 1991 an die Saale gekommen und suchte nach schnell entschlossenen Käufern für Ostbetriebe. Ein ehemaliger Geschäftspartner aus Böblingen empfahl ihm einen potenziellen Interessenten – den Göppinger Mercedes-Zulieferer Wolfgang Greiner. Das erste Geschäft galt den Feinmechanischen Werken in Halle, und abgeschlossen wurde es in einem Spezialitätenrestaurant, einem »Italiener«.

So wurde Greiner – Besitzer des mittelständischen Bellino-Betriebes in Böblingen – über Nacht Eigentümer in Halle. Aber er träumte vom noch schnelleren Wachstum und führte sogar moralische-nationale Motive ins Feld: »Mir geht es darum, dass die Unternehmen drüben Erfolg haben.« Und diese gefielen wiederum den zur Eile angetriebenen »Abwicklern«. Greiner riss sich einen Betrieb nach dem anderen unter den Nagel, kaum einer hatte etwas mit seinem Bellino-Autozulieferbetrieb zu tun.

Eines Tages im März 1992 kaufte er den Dampfkesselbau Hohenthurm (DH) bei Halle, wo noch rund 600 Menschen in Lohn und Brot standen. »Alle dachten: Jetzt geht's richtig los hier«, erinnerte sich später der ahnungslose Betriebsrat Günther Schumann.

18 Millionen Mark hatte Greiner als erste Investition angekündigt. Doch kein Pfennig kam. Dafür kassierte Greiner 1,65 Millionen für das Arbeiterwohnheim des Betriebes. Dann ließ er mitteilen, dass er ein Auto-Recycling-Zentrum errichten wolle. Alte Autos sollten in Hohenthurm zerlegt werden. Die aufbereiteten Teile sollten nach Südafrika gehen. Als der inzwischen misstrauisch gewordene Betriebsrat bei der Treuhand nachfragte, bekam er zu hören: »Privatisiert ist privatisiert.«

Greiner lud zur feierlichen Grundsteinlegung für die »Mitteldeutsche Recycling AG«. Niemand fragte nach, wer dort was errichten wollte, und Bundesumweltminister Klaus Töpfer reiste zur Feierstunde an.

Der rührige Betriebsrat Schumann hatte inzwischen herausgefunden, dass Greiner die Betriebskonten leergeräumt hatte, und sorgte für einen unerwarteten Höhepunkt des Festakts mit dem Bundesminister: Die Hohenthurm-Belegschaft zog mit Transparenten und Losungen wie »Wo ist das Geld?« und »Wo bleiben unsere Löhne?« auf den Festplatz. »Wir brauchen hier einen Investor, keinen Exvestor, der das Geld rauszieht«, soll Schumann dem Minister ins Gesicht gesagt haben. Der stahl sich davon.

Greiner hatte inzwischen auch noch die Stamag gekauft, und die war noch reich genug, um 1,2 Millionen von ihren Konten nach Hohenthurm zu überweisen.

Insgesamt, so erwies sich später, holte Greiner 14 Millionen Mark aus den volkseigenen Unternehmen heraus. Darum nannte Günter Lorenz, der IG-Metall-Bezirkschef von Halle, Greiner öffentlich einen Betrüger. Der klagte daraufhin wegen Beleidigung und Geschäftsschädigung – und verlor. Die Treuhand aber ignorierte das Urteil. Schumann erstattete am 29. März 1993 Strafanzeige wegen des Verdachts auf Betrug.

Am 22. Juni wurde Wolfgang Greiner verhaftet.

Vergeblich gesucht wurde sein Treuhand-Geschäftspartner Wilfried Glock. Bis ihm eines Tages ein Sheriff in den USA zufällig begegnete – bei einer Fahrzeugkontrolle. Das war in Texas, und selbst dort lag der Haftbefehl gegen ihn vor. Die Staatsanwaltschaft in Stuttgart hatte ihn im Dezember 1992 zur Fahndung ausgeschrieben.

Am 26. August 1994 landete kurz nach 14 Uhr eine Lufthansa-Maschine auf dem Stuttgarter Flughafen. Gestartet war sie in Dallas (USA). Beim Verlassen der Maschine hielt Glock seine gefesselten Hände vors Gesicht. Vom Flughafen Stuttgart wurde er in die Haftanstalt überstellt, wo sein Kunde Greiner schon seit Monaten hinter Gittern saß.

Die in Halle erscheinende *Mitteldeutsche Zeitung* hatte Anfang Februar 1994 einen Reporter in die Haftanstalt Stuttgart geschickt, und der schilderte seine erste Begegnung mit Glock so: »Der Besucherraum des Tübinger Gefängnisses wirkt kärglich, die Möbel sind verschlissen. Den einzigen Farbtupfer bildet das bunte Sweatshirt des Mannes, der da zwischen seinem Anwalt und dem Kripobeamten sitzt. Wilfried Glock ist sauer. ›Da ist zuallererst Wut‹, echauffiert er sich und haut mit der Faust demonstrativ auf den Tisch: ›Wut, dass ich für jeden Fehler dieser Treuhand herhalten soll.‹ Glock fühlt sich zu Unrecht verfolgt. Deshalb sammelt er alles, von dem er glaubt, dass es ihn entlastet. Sein Anwalt besorgt ihm Protokolle, Glock vergleicht unterdessen Urteile, legt Widersprüche ein, wälzt Fachbücher und schreibt Briefe.«

Wolfgang Greiner verlegte man nach Tübingen, damit sich die beiden nicht beim Hofgang begegneten.

Inzwischen fand Wilfried Glock heraus, wer für seine Misere verantwortlich war: die Treuhand! Er hatte ein Protokoll vom 29. Januar 1992 entdeckt, in welchem es hieß, dass 23,2 Unternehmen, so hatte es die Berliner Treuhandanstalt den Hallensern als Aufgabe gestellt, sollten im Monat »saniert« werden. 1992 standen noch 236 Firmen auf der Verkaufsliste. Glock erklärte daraufhin gegenüber dem Journalisten: »Wenn sie die Vorgaben sehen, müssen Sie – auf Deutsch gesagt – kotzen.«

Er hatte aber nicht etwa gekotzt, sondern mitgemacht.

Zum Beispiel bei der Sangerhäuser Samag, die ehemalige Maschinenfabrik Mafa. Nie, sagt Glock, nie hätte Halle das 1.000-Mann-Unternehmen an Investor Kurt Mayer verkauft. Das aber war ein guter Freund vom Strauß-Sohn Max Josef: »Ich habe auch dem Strauß-Sohn gesagt, dass Berlin das nie genehmigt. Und was soll ich Ihnen sagen? Am nächsten Tag kam Max Josef Strauß mit allen nötigen Unterschriften aus Berlin.«

Eines Tages tauchte in der Anklageschrift ein dritter Mann auf: Klaus Schucht. Auch ein Treuhand-Direktor. Der hatte die Stamag in Leipzig »privatisiert«. Glock wutschnaubend: »Alles, was man mir vorwirft, ist nicht ein Fünftel des Schadens, den der Verkauf der Stamag angerichtet hat.«

Der Zorn war verständlich. Glock saß im Knast, Schucht hingegen war Wirtschaftsminister des Landes Sachsen-Anhalt.

Der 1930 in Breslau geborene Klaus Schucht hatte Bergbauingenieurwesen studiert und war von 1976 bis 1991 Vorstandssprecher der Bergbau AG Westfalen. Bis man ihn nach Berlin schickte – zur Treuhand. Dort war er ab 1991 zuständig für die »Privatisierungen« der Bereiche Energie, Bergbau und Chemie. Vorwürfe, die gegen ihn wegen der »Privatisierung« der Stamag erhoben worden waren, wies er mit der Feststellung des Bundestagsuntersuchungsausschusses zurück: »Die Privatisierung der Stamag verlief in geordneten Bahnen.«

Aber dann machte er sich eines Tages doch noch unbeliebt. Man hatte ihn beauftragt, die Buna-Werke zu retten. Darauf er: »Die Werke sind doch nur ein Furz in der Geschichte der Chemie!«

Die Wut, die er damit ausgelöst hatte, legte sich lange nicht. Dennoch übernahm er 1998 in Magdeburg zu seinem Wirtschaftsressort noch das des Ministers für Europa-Angelegenheiten. Und dann glaubte er eines Tages 1999 das Land Sachsen-Anhalt lange genug mitregiert zu haben und wechselte in den Vorstand der Mitteldeutschen Braunkohlengesellschaft Mibrag. 2001 starb er an den Folgen eines Schlaganfalls.

Zu jenem Zeitpunkt hatten Greiner und Glock ihre langjährigen Prozesse hinter sich, und zwischendurch auch immer mal wieder für Schlagzeilen gesorgt.

Im April 1995 hatte die Staatsanwaltschaft Stuttgart die Anklage gegen Glock erhoben und dabei zum ersten Mal auch nachgewiesen, dass Greiner mit Millionensummen Glocks Entgegenkommen beim Verkauf der Betriebe honoriert hatte. Der entstandene Gesamtschaden wurde auf mindestens 20 Millionen Mark beziffert. Bald darauf erhob die Nachfolgefirma der Treuhand Forderungen gegenüber Glock in Höhe von 11.119.500 D-Mark »Schadenersatz«.

Wie meist in solchen Situationen rieten die Richter zur »außergerichtlichen« Einigung. Als man sich »geeinigt« hatte, war lediglich noch von 400.000 Mark Schadenersatz die Rede.

Dann folgte zur Abwechslung mal ein Arbeitsgerichtsverfahren in Halle gegen Greiner. Nach einer Verurteilung in Stuttgart zu fünf Jahren und drei Monaten Haft erschien Greiner auf »Urlaub« aus dem Knast wieder mal in Halle. Er trug aber nicht viel zur Aufklärung des Verbleibs der spurlos verschwundenen Millionen bei. Am Ende forderte er, dass ihm die entstandenen Auslagen ersetzt würden: Für die Übernachtungen 155 Mark und Fahrtkosten für eine Strecke von 1.080 Kilometern. Das Gericht stimmte dem natürlich zu.

Kurz vor Jahresende 1995 erklärte sich Glock in Stuttgart nach langem Schweigen bereit auszusagen und gab zu, 1,2 Millionen von Greiner erhalten zu haben. Diese wolle er zurückzahlen. Glock: als Streifenpolizist in Böblingen hatte er begonnen, dann war er zum Treuhandtopmanager in Halle aufgestiegen, wo er serienweise Betriebe für Spottpreise verkaufte – und obendrein selbst noch kassierte.

Doch damit erschöpften sich die Überraschungen an jenem Prozesstag, an dem Glock angekündigt hatte »auszupacken«, noch nicht. Er gestand, 500.000 Mark und danach weitere 1,2 Millionen Mark entgegengenommen, aber umgehend an Rechtsanwalt Karl Deffner weitergegeben zu haben.

Wer war Deffner?

Die Richter mussten nicht lange blättern. Auch der war bei der Treuhand in Halle tätig, und zwar als vom Staat bestellter »Liquidator« ruinierter Betriebe. Dieser

Deffner leugnete zwar, doch glaubte ihm die Staatsanwaltschaft nicht.

Die hatte nämlich inzwischen auch eine Sylvia Birk-
hold vernommen. Und die – so stellte sich heraus – war
in der Hallenser Treuhand Abteilungsleiterin für »Recht«
gewesen. Zudem war sie mit Deffners Anwaltspartner
verheiratet und eine sehr gute Bekannte von Glock, von
dem sie ein Kind hatte …

Wer nach 1990 rund um Halle seine Arbeit verlor,
weil sein Betrieb in die Hände eines dieser Ganoven
gefallen war, kann sich höchstens damit trösten, in die
Hände einer Mafia-Bande gefallen zu sein.

Dass das Arbeitsgericht in Halle dann noch entschied,
dass Glock 5,35 Millionen DM an die Treuhandnachfol-
georganisation BvS zurückzahlen müsse, interessierte die
Opfer dieser Kriminellen aus dem Westen kaum noch.
Sie haben seither andere Sorgen.

Giselher Spitzer

Das Internet-Lexikon Wikipedia verrät, dass Giselher Spitzer 1952 geboren wurde und bezeichnet ihn als »deutschen Sporthistoriker und Kenner der Staatssicherheit der DDR«. Schon auf den ersten Blick eine ungewöhnliche Kombination: Sportgeschichte und Geheimdienst.

Weiter heißt es: »S. studierte in Bonn Geschichte, Sozialwissenschaften und Sportwissenschaften.« Dann folgt – bei Wikipedia ungewöhnlich – eine biografische Lücke. »Von 1981 bis 1994 arbeitet er als Mitarbeiter in Bonn und Köln.« Mitarbeiter von oder bei wem?

Eigene Recherchen vermochten das Loch nicht zu schließen. Spuren weisen allerdings auf einen Rundfunksender, den die Bundesregierung betrieb, um auf die Soldaten der NVA der DDR propagandistisch zu wirken.

1994 muss man ihn auch persönlich in den Osten geschickt haben, und zwar an die Universität Potsdam,

Alles Stasi – außer Spitzer

und dort an das Institut für Sportwissenschaften, wo er fortan Studenten beibrachte, was sie über den deutschen Sport im Allgemeinen und den in der DDR im Besonderen wissen sollten. Dabei ging es weniger um die Strukturen des DDR-Sports, dessen Basis bekanntlich die Betriebssportgemeinschaften bildeten, sondern um »Stasi« und Doping.

In Potsdam begegnete ich ihm auch zum ersten Mal persönlich. Der Chef des Sport-Instituts, Prof. Teichler – ebenfalls aus Bonn, wo er zuvor als Sportreferent im SPD-Parteivorstand tätig war, nach Potsdam abkommandiert – hatte mich eines Tages eingeladen, als Zeitzeuge in Potsdam Auskünfte zu geben, und ich hielt das damals – naiverweise – für ein Anliegen, das dazu beitragen könnte, die Geschichte des DDR-Sports redlich »aufzuarbeiten«. Teichler hieß mich willkommen, schaltete das Tonbandgerät ein, fragte nach meinen Personaldaten und wurde von dem Herrn, der neben uns am Tisch saß, bereits unterbrochen, noch ehe ich meinen Geburtsort kundgetan hatte. Er blaffte zwischen Teichlers Fragen: »Wo haben Sie eigentlich die Akten des Sportjournalistenverbandes der DDR gelassen?«

Das ging ihn herzlich wenig an, die Frage aber war irgendwie typisch für diese Zeit. Selbst in den Universitäten spielten sich die Wessis wie die Vernehmer von Staatsanwaltschaften auf.

Zur Sache: Der Sportjournalistenverband der DDR hatte sich weder ein Büro noch eine Ablage leisten können, also gab es auch keine Akten. Aber noch einmal: Die Frage war typisch für die auf Grund des »Einigungsvertrages« eingeflogenen »Aufarbeiter«. Es ging ihnen um Spuren, die ihnen »Beweise« für ihre Behauptungen vom »Unrechtsstaat« liefern sollten. Und Spitzer galt vom ersten Tag an als der »Superfahnder« im Sport.

Ich beantwortete seine Zwischenfrage an jenem Vormittag in Potsdam mit dem Hinweis an Teichler, das

Gespräch entweder seriös fortzusetzen oder umgehend zu beenden. Darauf Spitzer giftig grinsend: »Die Akten finden wir schon noch bei Gauck.«

Ich teilte Teichler mit: »Noch eine Bemerkung dieser Art und ich verabschiede mich!«

Teichler rief Spitzer zur Ordnung. Der hielt für den Rest des Vormittags den Mund. Wir mühten uns, Fragen des DDR-Sports zu klären, die beiden unbekannt waren. Auf der Fahrt im Auto von der Universität zur S-Bahn offenbarte Teichler mir, dem ehemaligen Friedensfahrt-Direktor, dass er irgendwann im Märkischen zur Schule gegangen sei und damals lange Strecken zurückgelegt habe, um die Friedensfahrer zu sehen und zu feiern. In Gegenwart von Spitzer habe er das nicht kundtun wollen, gestand er auch noch.

Das kam mir öfter in den Sinn, wenn ich danach die hemmungslosen »Enthüllungen« Spitzers las und registrierte, dass Teichler einiges unternahm, um diesen loszuwerden.

Der Reihe nach.

Weihnachten 1999 verbreitete der *Sportinformationsdienst* Düsseldorf: »Die Bilanz ist erschütternd: Rund 30 Todesfälle hat es jährlich im Hochleistungssport in der DDR gegeben. Nach Recherchen des Sporthistorikers Dr. Giselher Spitzer wurde diese Statistik aber vor der Öffentlichkeit geheim gehalten.«

Stunden später erreichte die Redaktion der Berliner Zeitung, die die Horrornachricht in voller Länge abgedruckt hatte, die empörte Antwort von Frau Dr. Funk: »Mit Befremden habe ich den Artikel über die Recherchen von Herrn Dr. Spitzer gelesen [...] Als Mitarbeiterin des Bereichs Allgemeine Sportmedizinische Betreuung der Leitung des Sportmedizinischen Dienstes der DDR habe ich von 1982 bis 1989 alle dem Bundesvorstand gemeldeten Todesfälle statistisch ausgewertet. Diese Statistik wurde ausschließlich zusammengestellt, um prophylaktische Anleitungen zur Vermeidung von plötzlichen Todesfällen im Sport bzw. schweren Sportunfällen zu treffen. Die Ergebnisse wurden deshalb jährlich auf Weiterbildungsveranstaltungen der Übungsleiter, Trainer, Sportärzte und Sportfunktionäre dargelegt, wobei auch gemeinsame Schlussfolgerungen für die Vermeidung solch tragischer Zwischenfälle gezogen wurden. Wohlgemerkt beziehen sich die Zahlen (ca. 30 pro Jahr) nicht auf den Hochleistungssport, sondern es sind alle Sporttreibenden im Übungs-, Trainings- und Wettkampfbetrieb sowie bei den unter Anleitung der Sportverbände durchgeführten Aktivitäten im Freizeit- und Erholungssport erfasst.«

Frau Dr. Funk hatte ihrem Leserbrief eine Tabelle hinzugefügt, die verriet, dass 1987 auch fünf Kegler tödlich verunglückt waren und sogar am Billardtisch ein Herzschlag-Todesopfer zu beklagen gewesen war. Frau Funk wandte sich energisch gegen Spitzers Version. »Bei den Gründen für diese hohe Zahl tödlich Verunglückter nennt Spitzer Indizien, wonach einige Fälle auf die ›aufputschende enthemmende Wirkung von Dopingmitteln zurückzuführen‹ seien.«

Ihr Leserbrief wurde nie veröffentlicht, die Spitzer-Version aber gelangte zu den »Akten«, mit denen DDR-Doping von nun an »belegt« wurde.

Danach begegnete ich Spitzer fast jedes Jahr bei den Tagungen der Sporthistoriker, die in den 90er Jahren noch immer Wessis und Ossis zusammentreffen ließen. Nicht selten gab es Kontroversen zwischen Spitzer und mir, und im Laufe der Jahre sah das Plenum diesen Auseinandersetzungen mit Spannung entgegen, was – auch weil Spitzer dabei oft Zweiter wurde – der veranstaltende Vorstand des dvs immer öfter zu vermeiden suchte. Zum Beispiel 2001. Alle Teilnehmer waren mit einem Brief vom 28. Februar eingeladen worden, was genügend Zeit ließ, einen eigenen Vortrag anzumelden. Meine Einladung war am 30. März zur Post gegeben worden. Ich legte Protest ein, man erfand eine »Entschuldigung« und bot mir an, mein Thema – so ich eins anzumelden hätte – nachträglich einzureichen. Spitzer intervenierte gegen diese Entscheidung und verlangte, mich generell von der Rednerliste zu streichen. Dafür fand sich jedoch keine Mehrheit.

Im überfüllten Chemiker-Hörsaal der Potsdamer Universität hielt er dann seinen Vortrag »Fußball in der DDR«. Wie nicht anders zu erwarten, rückte er das für die DDR-Meisterschaft 1950 entscheidende Spiel zwischen der Elf von Dresden-Friedrichstadt und der ZSG (Zentralsportgemeinschaft) Horch Zwickau in den Mittelpunkt seiner Betrachtung und bemühte sich einmal mehr die Legende aufzufrischen, dass, um den Sieg der Betriebssportgemeinschaft zu sichern, der Schiedsrichter Order bekommen hatte, die Nachfolgegemeinschaft des letzten »deutschen Meisters« Dresdner Sportclub zu benachteiligen und dessen Erfolg zu verhindern. Die ZSG Horch gewann das Spiel 5:1, wobei sie zweifellos dadurch begünstigt worden war, dass mit Kreisch und Schön zwei Spieler verletzt ausschieden, die – den damaligen internationalen Regeln entsprechend – nicht durch Auswechselspieler ersetzt werden durften.

Spitzer hielt die Anwesenheit von Walter Ulbricht auf der Zuschauertribüne für einen hinreichenden Beweis seiner Behauptung, dass Friedrichstadt vorsätzlich um Sieg und damit die Meisterschaft gebracht worden war.

Allerdings enthielt sein Vortrag einen kapitalen Fehler: Er hatte behauptet, Dresden-Friedrichstadt hätte gegen Union Halle gespielt.

Diese Begegnung hatte Wochen vorher in der Vorrunde stattgefunden und war von den Dresdnern gewonnen worden. Er beendete seine Rede mit dem Hinweis, dass er sämtliche Fakten absolut verlässlichen »Stasi-Akten« entnommen hätte.

Zum besseren Verständnis der Situation: Spitzer war am Tag jenes Fußballspiels noch gar nicht geboren – ich hatte in Dresden auf der Tribüne gesessen.

Als Spitzer geendet und ich mich zu Wort gemeldet hatte, ahnte der Saal, dass wieder mit einer Kontroverse zwischen uns zu rechnen war.

Ich begann. »Nur eine Frage, Herr Spitzer: Wieviel Mannschaften standen an dem Tag, an dem das von Ihnen als Zonenmeisterschaft ausgegebene Spiel um die DDR-Meisterschaft in Dresden ausgetragen wurde?«

Kaum jemand verstand die Frage.

Spitzer starrte mich entgeistert an: »Wieviel? Na, zwei.«

Ich schüttelte den Kopf: »Das würden Sie als Historiker nicht belegen können. Alle Chroniken weisen Dresden-Friedrichstadt und die ZSG Horch Zwickau als Gegner aus. Was trieb also Union Halle auf dem Rasen?«

Atemlose Stille im Hörsaal.

Spitzer wühlte in seinen Papieren, wedelte verzweifelt mit der »Stasi-Akte« und gestand plötzlich, ihm sei ein »Fehler« unterlaufen. Er korrigierte ihn schließlich mit einer Geste, als hätte er ein Komma übersehen.

Der entnervte Prof. Teichler hielt es für ratsam, Spitzers Vortrag als für beendet zu erklären. Im später erschienenen Protokoll wurde die Falschaussage ignoriert.

Danach stand ich auf der Rednerliste. Irritiert nahm man mein Thema zur Kenntnis: »Über Kinderangeln in der DDR.« Der Hintergrund, von dem die meisten im Saal nichts wussten: Die beiden deutschen Anglerverbände hatten sich nach über einem Jahrzehnt »Einheit« noch immer nicht vereinigt, und während der DDR-Verband das Kinderangeln immer gefördert hatte und weiter unterstützte, hatte dies der Westverband untersagt, weil Kinderangeln angeblich gegen den Tierschutz verstieß. Ich beschrieb die Motive für die Nicht-Vereinigung der beiden Verbände und widmete mich ausgiebig dem

Kinderangeln. Nach einer Kunstpause meldete sich Prof. Dr. Michael Krüger aus Münster zu Wort und forderte mich auf, Auskunft über die Qualität der Fische in den vergifteten DDR-Gewässern zu geben. Meine Antwort: »Sie meinen natürlich durch Doping verseuchtes Wasser und in diesem Fall würde ich Ihnen eine Konsultation bei Herrn Spitzer empfehlen, der das Thema Doping wie kein Zweiter beherrscht.«

Der Saal tobte vor Gelächter und veranlasste Teichler, augenblicklich die Mittagspause anzukündigen.

Derlei verunglückte Attacken gegen den DDR-Sport hielten Spitzer auch später nicht davon ab, Bücher über gedopte DDR-Fußballspieler zu schreiben und zu veröffentlichen, *SUPERillu-online* brachte allerdings auch kritische Stimmen von Beteiligten. »Andreas Thom: ›Alle Jahre wieder haut da irgendjemand so ein Ding raus, und wir müssen uns dazu äußern. Darauf habe ich aber überhaupt keinen Bock mehr.‹ Bodo Rudwaleit: ›Das ist totaler Schwachsinn. Herr Spitzer will sein Buch besser verkaufen. Doping funktioniert im Fußball nicht. Das steht in so vielen Büchern. Und die Stasi hat mich auch nicht im Bett beobachtet.‹«

Als der BRD-Olympiasieger Dieter Baumann des Dopings überführt wurde und zu seiner Entlastung die Story erfunden wurde, die »Stasi« habe ihm das Dopinggift heimlich in die Zahnpasta geschmuggelt, meldete die Rheinische Post am 15. Februar 2000, der zuständige Oberstaatsanwalt habe erklärt: »›Wir treten auf der Stelle.‹ Von den vier in Auftrag gegebenen Gutachten lägen keine Zwischenergebnisse und somit auch keine entlastenden Fakten vor. Entsprechend wundert sich der Tübinger Oberstaatsanwalt Ellinger, dass ausgerechnet in der sonst so seriösen *Neuen Zürcher Zeitung* der Potsdamer Sportwissenschaftler Giselher Spitzer ›auf Anfrage‹ bestätigt, dass er bereits ein Gutachten im Auftrag der Tübinger Staatsanwaltschaft angefertigt habe und zum Schluss komme, Baumann sei als Täter unwahrscheinlich. Ellinger gegenüber dem *Sportinformationsdienst*: ›Einen Giselher Spitzer kenne ich gar nicht.‹«

Unverdrossen erschien Spitzer schon bald darauf wieder auf der Bühne. *Die Welt* schrieb am 8. Oktober 2003: »Für den Potsdamer Sporthistoriker Giselher Spitzer gehe aus der Akte hervor, dass Thärichen [...] in eine weitreichende Karriereplanung eingebunden war.« Gemeint war eine Karriere beim MfS, und die Vorwürfe richteten sich gegen den für Leipzigs Olympiabewerbung zuständigen Dirk Thärichen, der auf Grund der Vorwürfe die Funktion niederlegte. Dass Thärichen 2009 zum Kommunikationschef des *Mitteldeutschen Rundfunks* berufen wurde, bewies hinreichend überzeugend, wie absurd die Spitzer-Vorwürfe gewesen waren.

Irgendwann hatte man auch in Potsdam von den Amokläufen Spitzers genug: Er wurde gekündigt.

Auf einer Website »Dopingopfer DDR« las man dazu am 17. Juni 2003: »Spitzer ist ein Wissenschaftler mit Leidenschaft und dem festen Glauben daran, dass es zu den edelsten Aufgaben der Wissenschaft gehört, erforschtes Wissen ohne Schranken und Hindernisse der Öffentlichkeit zugänglich wird. Und das mag man nicht in Potsdam. Spitzer bekam das zu spüren. Leute, die zu seinen Wegbegleitern gehörten, wandten sich ab. Forschungsaufträge bekamen andere. [...] Spitzer hat keinen Job mehr in Potsdam. Sein Vertrag wurde nicht mehr verlängert. [...] Die Wahrheit hat ein langes Leben. Und Dr. Spitzer ist gerade erst 50 geworden. Wir werden also noch einiges von diesem Mann hören. Seine Gegner aber auch!«

Dem widersprach niemand.

Eduard Friedrich Kynder

Von dieser »Flachzange« könnte man behaupten, sie sei spurlos verschwunden. Dann allerdings würde man mir unterstellen, ich wollte nur das Geld für eine aufwändige internationale Suche sparen. Spuren hat er genug hinterlassen, solche sogar, die man – ohne in den Verdacht der Übertreibung zu geraten – als »aasig« bezeichnen könnte. Und sie führen in die Schweiz.

Alles begann wie bei allen »Flachzangen«: Kinder erschien auf der DDR-Bildfläche, als der Kreml das deutsche Drittelland zur Versteigerung ausgeschrieben hatte.

Und wie alle anderen fuhr auch er bei der Treuhand vor und ließ sich vorführen, was so im Angebot sei. Warum ihm dann ausgerechnet das Spanplattenwerk in Ribnitz-Damgarten gefiel, hat er nie öffentlich bekannt. Vielleicht, weil die über 2.000 dort Tätigen Europas größte Anlage für mitteldichte Faserplatten, den Grundstoff der Möbelindustrie, betrieben. Interessierte Käufer, die schon vorher in der Berliner Wilhelmstraße vorgesprochen hatten, monierten, dass die Verkehrsanbindung zu wünschen übrig lasse. Eduard F. Kynder störte das nicht. Er verwies darauf, dass man dieses Problem mit einigem Aufwand lösen könne, und in solchem Aufwand sah er kein Problem. Betriebsrat Diderich erinnerte sich später: »Der Kynder hat sich als edler Samariter vorgestellt.« Als ihn ein Betriebsangehöriger bei seinem ersten Rundgang fragte, wer er denn sei, antwortete Kynder ihm sanftmütig und freundlich lächelnd: »Der neue Besitzer!«

Am 20. Dezember 1991 hatte ihm die Rostocker Treuhandfiliale das Werk mit einem ordentlichen Vertrag verkauft. Weil das inzwischen immer unglaubwürdiger klingt, sei der Preis mit Nachdruck wiederholt: für 1 (in

Worten: eine) Deutsche Mark. Liegt nicht auf der Hand, dass man heute stutzend fragt: Was mag ihn für diesen Vorzugspreis empfohlen haben? War Kynder ein renommierter Möbelfabrikant oder wenigstens ein Zulieferer dieser Branche?

Die Antwort lautete und lautet: Nein, nichts dergleichen!

Kynder besaß in Hamburg seit 1989 einen aus fünf zwischen 1958 und 1969 errichteten Einzelhäusern bestehenden Komplex. Die rund 13.000 Quadratmeter Bürofläche waren von der Deutschen Angestellten-Krankenkasse genutzt worden, und als sie auszog, hatten Eduard Friedrich Kynder und ein gewisser Georg Kurt Lingenbrink sie gekauft. Obwohl uns das nicht sonderlich interessiert, sei erwähnt, dass das Gebäude danach zu Hamburgs spektakulärstem Skandalbau verkam, dominiert vom Drogenmilieu, der Prostitution und der kriminellen Szene bis hin zu Morden.

Dieses Domizil war also faktisch die materielle Basis des Treuhand-Vorzugskunden Kynder. Der hatte übrigens noch einen Partner mit ins Geschäft genommen. Mit zehn Prozent waren die Bison-Werke mit von der Partie, von denen es heißt, sie produzieren Werkzeugmaschinen. Kynder änderte auch noch den Firmennamen in Bestwood E. F. Kynder G.m.b.H. und begann mit der Ausplünderung, über die man in der *Berliner Zeitung* am 24. August 1996 lesen konnte: »Bereits im Dezember 1993 malt der Landesrechnungshof den drohenden Konkurs an die Wand: Die Planzahlen seien ›allesamt zu optimistisch‹. Erstmals ist nun auch von Unregelmäßigkeiten die Rede. Trotzdem bewilligt die CDU-FDP-Landesregierung noch einmal 33 Millionen Mark – 1994 ist Wahljahr.

›Der eigentliche GAU aber‹, sagt der ehemalige Geschäftsführer Eberhard Krutzsch, ›das war die Spanplattenanlage‹. Im Sommer 1992 beauftragt Bestwood die Bison-Werke, eine moderne Anlage für Spanplatten zu bauen, die 76 Millionen kostet. Eine Ausschreibung findet nicht statt; wohl aus gutem Grund. ›Mir kam das alles spanisch vor‹, erinnert sich Arbeiter Dieter Wirth, ›wir mussten ständig alte Teile einbauen‹.

Für Staatsanwalt Lückemann steht heute fest: ›Da wurde eine alte Anlage eingebaut, um Steuergelder zu erschleichen.‹

Und so soll der Deal funktioniert haben: Ein Teil der Spanplattenpresse, Neupreis 17 Millionen, war bereits 1991 für neun Millionen von Bestwood an eine Bison-Tochter verkauft worden. Diese Altanlage wurde bei Bison abmontiert und über eine Zwischenfirma an Bestwood geliefert. Der Verdacht: Kynder und sein Komplize hätten sich die Differenz zwischen Alt- und Neupreis geteilt. Für gebrauchte Wirtschaftsgüter sind zudem keine Subventionen erlaubt; daher seien, sagt der Staatsanwalt, 30 Millionen Mark an Steuergeldern betrügerisch kassiert worden.

Doch Eduard F. Kynder bestreitet die Vorwürfe und schiebt den Schwarzen Peter den Bison-Werken zu. Von Mallorca aus sagte er der *Berliner Zeitung*: ›Ich habe nie etwas von dem Betrug gewusst – Bison hat die Altanlage hinter meinem Rücken aufgestellt.‹ […] Doch wie auch immer der Rechtsstreit ausgeht – bei Bison ist nichts mehr zu holen: Die Firma ging am 1. Mai 1996 in den Konkurs und wurde einen Tag später verkauft.

Merkwürdigkeiten gab es aber nicht nur bei der Lieferung, sondern auch bei der Montage der Spanplattenstraße. Das besorgte die IPB AG aus der Schweiz, laut Kynder eine ›weltweit tätige‹ Montagefirma. Doch Bestwood-Mitarbeitern ist sie nur als ›Ein-Mann-Betrieb‹ bekannt. Wieder fand keine Ausschreibung statt, und wieder verschwanden Riesensummen. Die Montage kostete 2,5 Millionen; doch als die Finanzbeamten später die Bücher prüften, stellten sie fest, dass dieser Betrag viel zu hoch angesetzt war. Genauer gesagt: um elf Millionen Mark, gemessen an branchenüblichen Preisen.

Für die Steuerfahnder in Rostock erfüllen die Manipulationen den Tatbestand einer ›verdeckten Gewinnausschüttung‹ – in einem Papier kommen sie zu dem Ergebnis: ›Der beschuldigte Kynder ist der eigentliche Verantwortliche.‹ Er habe bei allem die Regie geführt und – so die Staatsanwaltschaft –, als IPB-Gesellschafter die überhöhten Rechnungen über Bestwood in die eigene Tasche bezahlt.«

So oder so – Bestwood ging Pleite! Verzweifelt wehrten sich die letzten noch Beschäftigten mit einer Betriebsbesetzung, aber die blieb erfolglos.

Wurde der Staatsanwalt aktiv? Kynder etwa in Haft genommen?

Die Antwort klingt fantastisch: Im September 1994 verkaufte ihm die Treuhand das Möbelwerk Schwerin. Auch diesmal garantierte Kynder Arbeitsplätze, wieder wurde nur betrogen! Kynder soll das Schweriner Grundstück mit 1,75 Millionen DM belastet und das Geld in die Schweiz transferiert haben.

Kynder bestritt das, doch entging dem als Insolvenzverwalter eingesetzten Hamburger Rechtsanwalt nicht, dass Kynder lukrative Hamburger Immobilien zum Kauf anbot. Die Landesregierung versuchte zu retten, was nicht mehr zu retten war.

Die letzten Hoffnungen galten einem Investor aus Bayern, aber auch der forderte Subventionen. Die *Berliner Zeitung* schloss: »Um zehn Uhr abends ist ›Schichtwechsel‹ bei der Mahnwache am Werktor. Zwischen den Männern, die mit verschränkten Armen beim Feuer stehen, ist auch Ingenieur Benno Greif, der seit 1970 bei Bestwood arbeitet. Er sagt: ›Wenn's schiefgeht, können wir nur noch auswandern.‹«

Es ging schief. Was von dem Werk blieb, las sich so: »Faserplattenwerk Bestwood. Das ehemalige Betriebsgrundstück der Firma Bestwood E. F. Kynder G.m.b.H. liegt westlich des Stadtzentrums von Ribnitz in unmittelbarer Nähe zum Saaler Bodden/Ribnitzer See.

Das Gutachten untersucht Möglichkeiten der Nachnutzung unter Berücksichtigung des in Ribnitz-Damgarten und der Umgebung sich vollziehenden Strukturwandels von der Produktion hin zum Tourismus sowie den demographischen Veränderungen der Bevölkerung. Baudaten – Gutachten zur Nachnutzung einer stillgelegten Industrieanlage. Auftraggeber: Bestwood E. F. Kynder G.m.b.H., Entwurf: Florian Morgen, Bearbeitung 2003-2004.«

Nachzulesen im Internet.

Franz von Putbus

Wenn ich mich recht erinnere, verlieh der Mann Tank-
wagen in Neuss, bis man ihn mobilisierte, Rügen zu
besetzen. Man könnte auch schreiben: Deutschlands
größte Insel heim ins Reich zu holen. Aber das würde mir
den Vorwurf eintragen, unpassende Begriffe benutzt zu
haben.

Bleiben wir also bei nüchternen Fakten.

Am 21. Februar 1990 – dieses Datum ist so aufschlussreich, weil zu jenem Zeitpunkt nur der Termin der
Wahlen zur neuen DDR-Volkskammer feststand und
weder »Verträge« noch »Beitritts«-Abmachungen vorla-
gen – erschien auf der Rügen-Seite der Rostocker *Ostsee-
Zeitung* ein Beitrag, an den viele – womöglich nicht einmal die Kanzlerin – heute keineswegs gern erinnert
werden möchten. Schon deshalb hier der Wortlaut: »Dieser Tage kam es zu einem Gespräch zwischen den Kreis-
vorsitzenden der CDU, des Demokratischen Aufbruchs,
der DSU und Franz zu Putbus, wohnhaft in Neuss
(BRD). An dem Gespräch nahmen weitere Mitglieder
der genannten Parteien der Allianz der Mitte teil.

Themen waren u. a. der demokratische Umgestal-
tungsprozess in der DDR und die bevorstehenden Wahlen. Einmütigkeit herrschte darüber, dass es keinerlei
neue Sozialismus-Experimente geben kann und darf, dass
einzig und allein ein demokratischer Rechtsstaat in der
Lage sein wird, die Interessen der Bürger zu vertreten und
dass die deutsche Einheit das erklärte Ziel sein muss.
Einen Ausverkauf der Insel Rügen strikt zu verhindern
sowie die Rechtssicherheit jedes einzelnen Bürgers zu
gewährleisten, sind erklärte Ziele der *Allianz für Rügen.*«
Dieser am Stil einer »Regierungserklärung« angelehnten

Eröffnung folgte ohne jede weitere Einführung ein Appell an die Ureinwohner der Insel: »Franz zu Putbus wendet sich mit nachfolgender Erklärung an die Bürger des Kreises Rügen:

Liebe Rüganer! Wie der frühe Frühlingssturm über Rügen fegt, so kommen die politischen und wirtschaftlichen Veränderungen über die Menschen der Insel. Es ist jetzt höchste Zeit, dass Sie alle helfen, die neue Ordnung und Rechtsstaatlichkeit auch auf Rügen aufzubauen. Jeder ist dazu aufgerufen. Wenn ich das so klar zu Ihnen sage, dann tue ich es, um meinen Teil dazu beizutragen, dass Ihnen Ängste und Zweifel genommen werden. Die Wende zur sozialen Marktwirtschaft hat 40 Jahre Erfahrung und Erfolg in der Bundesrepublik hinter sich.

Dieses Wirtschaftssystem ist in jedem Falle in Europa das erfolgreichste, es trägt und ist das Markenzeichen sozialer, demokratisch und christlich verankerter Parteien. Es ist das grundsolide Fundament der Bundesrepublik.

Um meinen Besuch auf Rügen entstehen Gerüchte und Sorgen. Beides sind schlechte Ratgeber. Darum hier einige Anmerkungen: Meine Familie hat über Jahrhunderte die Geschicke der Insel und Vorpommerns mit geprägt. Soziale Verantwortung ist – auch entgegen mancher Behauptungen – immer ein Teil der Gesamtverantwortung meiner Familie gewesen. Ich sehe dies auch heute nicht anders. Was meine ich damit?

1. Man kann das Rad der Geschichte nicht um 45 Jahre zurückdrehen. Keiner hat das schmerzlicher erfahren als Sie selber. Enteignungen und Unrechte gab es seit 1945 in jeder Menge, die wird es nicht wieder geben. Alte Besitzstrukturen lassen sich nicht mehr herstellen

2. Nach 1945 ehrlich erworbener und erarbeiteter Besitz kann und darf im Interesse Ihrer Rechtsansprüche nicht verändert werden.

3. Ich bin kein Gesetzgeber, aber mein Verstand sagt mir: In einem Haus gibt es keine Zweiklassengesellschaft.

Solche Zerrbilder passen nicht an das Ende des 20. Jahrhunderts. Gerade deshalb sollte keiner auf Rügen um Zukunft und Lebensabend zittern. Nach einer Übergangsphase, so meine ich, müssen Löhne und Gehälter, Renten und Sozialleistungen aller Art in ein gleiches Niveau für alle Deutschen einmünden. Dies ist der einzige soziale und realistische Weg. Gewiss, Veränderungen von Wirtschaft und Verwaltung werden mit einer schwierigen Übergangsphase beginnen. Aber Ihnen zur Seite steht eine wirtschaftlich gesunde Bundesrepublik, und damit geöffnet ist auch die Tür zur Europäischen Gemeinschaft.

Die Parteien der ›Allianz für Rügen‹ werden Ihnen helfen, die Fehler der letzten 40 Jahre zu korrigieren und den Anschluss an die Sicherheit der Europäischen Gemeinschaft und Völkerfamilie zu finden. Ich sage Ihnen dies als Mitglied der CDU und bitte Sie, helfen Sie mit, dass Rügen schnell wieder zu einem Kleinod wird, so wie ich es in meinem Herzen bewahrt habe.«

Vielleicht sollte ich noch erwähnen, dass der Tankwagen-Verleiher aus Neuss allen Ernstes als Emissär des Kanzlers Kohl auf die Insel entsandt worden war. Er schickte sich an, dort wieder den Fürsten zu spielen. Er nahm seinen Anlauf nicht mit der Kneif-, sondern mit der Rohrzange. Und das empfanden einige doch als unangemessen im Umgang mit »Brüdern und Schwestern«.

Auf den Tag genau 20 Monate nach dem ersten Aufruf an »seine Rüganer« meldete sich Franz von Putbus in der *Ostsee-Zeitung* wieder zu Wort, um Zweifel auszuräumen. Das Blatt klärte als erstes die noch Unwissenden auf.

»Wer ist Franz zu Putbus, worum geht es? Der heute 64jährige Neusser Unternehmer und Chemiekaufmann ist der Sohn des letzten Besitzers von Ländereien, Wäldern und vielen historischen Bauten in Putbus, das als der letzte planmäßig angelegte Residenzort im norddeutschen Raum gilt. Ein Obelisk auf dem Circus, einem großen kreisrunden Platz, erinnert an die Ortsgründung 1810 durch Fürst Malte I. zu Putbus (1783-1854). Der Nachfolger Franz zu Putbus möchte seit langem zurück in die Heimat. Das wird ihm nicht leicht gemacht. Erst kürzlich verwehrte ihm der Finanzausschuss des Kreistages den Rückkauf des Hauses Circus 10, das zum Verkauf ausgeschrieben war. Die obere Etage steht seit April leer. Gern hätte er sich hier niedergelassen.

OZ sprach telefonisch mit Franz zu Putbus über die gegen ihn gerichteten Angriffe.

›Ich will und werde auf Rügen etwas bewegen‹, so Franz zu Putbus. Es gehe ihm nicht nur um das Recht und den bloßen Besitz, sondern um die Tradition. Er wolle zurück in seine Heimat, um der Insel und seinen Bewohnern zu neuem Wohlstand zu verhelfen. Wer die Lage und die Zustände kenne, wisse, wie notwendig Hilfe und Unterstützung sind. Sein am 21. Februar 1990 in der *Ostsee-Zeitung* geäußerter Standpunkt … habe sich nicht geändert.

Auf eine angebliche Liste mit 13 Überführungen angesprochen, sagte uns Franz zu Putbus: ›Eine Liste mit allen Objekten, die uns einmal gehörten, liegt nicht erst seit heute, sondern seit dem Frühjahr 1990 beim Landratsamt vor.‹ Es sei doch für die Gegenwart und für die Zukunft wichtig zu wissen, wem was gehört hat, damit nicht Dritte spekulieren können.

›Die Wahrheit ist‹, bekräftigt Franz zu Putbus, ›dass es Objekte gibt, für die ich mich interessiere. Man kann sie an einer Hand abzählen.‹ Sie hätten nichts mit der Bodenreform zu tun und er wolle sie zu Marktpreisen zurückkaufen.

Und wie steht es mit den 600 ha des Gutes Pastitz? wollen wir wissen. ›Ich würde es gerne zurückkaufen, um Landwirtschaft zu betreiben.‹ Rückkauf und notwendige

Investitionen würden sicher einen stolzen Preis ergeben. Er sei mit seiner Kalkulation noch nicht zu Ende. Man müsse aber heute pro Hektar viertausend DM investieren, um ein moderner Betrieb zu werden.

Wer sind die Kräfte, die Franz zu Putbus Steine in den Weg legen? Die Putbusser nicht. Sie setzen Hoffnung in ihn, sicher nicht alle, zumindest verstehen die Putbusser seinen Wunsch, in seiner Heimatstadt wieder zu wohnen. ›Wenn jemand Anspruch auf Wohnrecht in Putbus hat, dann ist es diese Familie‹, so Bürgermeister Uwe Jens.

Franz zu Putbus ist sauer. Zu Recht. Die Nazis haben seinen Vater im KZ ermordet, die neuen Machthaber die Familie enteignet und sie vertrieben, und nun gibt es Leute, die ihm das Recht verwehren wollen, auf Rügen zu leben. Die Mehrzahl der Putbusser tut es nicht.«

Soweit die *Ostsee-Zeitung*.

21 Tage nach diesem Gang an die Öffentlichkeit entschlossen sich die Stadtverordneten von Putbus die Reaktion der Bürger zu testen und luden den Mann, der als bemitleidenswerter Wohnungssuchender vorgestellt worden war, ein, während der Bürgerfragestunde seine Pläne zu erläutern. Der öffentliche Zuspruch war überraschend mäßig. Franz zu Putbus hielt es für angezeigt, Abgeordneten und Zuhörern als erstes mitzuteilen, dass sein Vorfahr Fürst Wilhelm mit Karl Marx korrespondiert habe. Man kann nur vermuten, dass ihm ein Einheimischer dazu geraten hatte, um mit Marxens Hilfe Vertrauen zu gewinnen.

Wenn Marx davon wüsste …

Franz von Putbus erinnerte daran, daß sein Vorfahr Malte von Putbus durch den Bau der Stadt vor 180 Jahren vielen Arbeitern, Handwerkern und Gewerbetreibenden eine Existenz geschaffen hätte. Auch diese Mitteilung fand kein großes Echo, da Arbeitsplätze aus dem Jahr 1815 kaum jemanden bewegten. Man hoffte auf einen Job heute oder wenigstens morgen. Also stellte man ihm Fragen nach Gegenwart und Zukunft. Da hielt sich der Herr jedoch bedeckt.

Der Berichterstatter der *Ostsee-Zeitung* fragte nach und schrieb: »An anderer Stelle war nämlich schon zu lesen gewesen, es handele sich um Objekte, die an einer Hand abzuzählen seien. Diese Rechenoperation stimmt; denn außer für den von ihm zu gründenden Betrieb in Pastitz und Circus 10 interessiert sich Herr zu Putbus für die Gaststätten ›Kursaal‹ und ›Rosencafé‹. Das Haus ›Lottum‹ in der Alleestraße möchte er als Stiftung zu einem Museum umwandeln. Das hätte auch schon während der Bürgerfragestunde dargelegt werden können; denn so ging mancher ein wenig unbefriedigt nach Hause.«

Das geschah im Jahr 1991.

Putbus aber hatte schon ein Jahr zuvor die Liste der 122 von ihm zurückgeforderten Objekte bei den Ämtern abgeliefert.

Das blieb nicht verborgen, und die Stimmenverluste befürchtende CDU startete eine fast sensationelle Aktion. Im Januar 1993 wandte sich der im Schweriner Landtag sitzende Pfarrer Frieder Jelen mit einem nahezu beschwörenden Brief an Franz zu Putbus:

»Sehr geehrter Herr zu Putbus!

Als wir uns 1990 im Eintreten für die zu wählenden demokratischen Parlamente kennenlernten, erlebte ich Sie als einen, der beim Aufbau helfen, der die Ergebnisse der Bodenreform in der ehemaligen DDR in dem Sinne anerkannte, dass niemandem neues Unrecht widerfahren sollte, schon gar nicht denen, die in besonderer Weise die Lasten der Teilung Deutschlands zu tragen hatten.

Ich habe dann in der Volkskammer mit bestem Wissen und Gewissen für die Anerkennung der Bodenreform gestimmt. Mit Genugtuung nahm ich zur Kenntnis, dass Sie, wirklich heimatverbunden, nach einer normalen Existenz und Wohnung auf Rügen strebten und sich ein Haus und ein Gut zurückkaufen wollten. Ich habe es daher zornig bedauert, dass man Ihnen auf der Insel alle nur möglichen Steine in den Weg legte.

Aber jetzt möchten Sie voll das Erbe des letzten Fürsten zu Putbus antreten, weil er ein Opfer des Naziregimes war und den Opfern die volle Rehabilitation zustehen soll. Die rechtlichen Prüfungen werden sich lange hinziehen. Es laufen Ihrerseits Einsprüche gegen Investitionsbescheide auch bei Unternehmen, die Bodenreformland vom ehemaligen Putbusschen Besitz unter sich haben. Von der Treuhand übertragene Liegenschaften werden wieder infrage gestellt, Unternehmenskonzepte wackeln, Bankzusagen für Existenzgründungen werden eingefroren.

Sie wollten helfen, aber jetzt werden Ihre Ansprüche zum Sand im Getriebe des ohnehin langwierigen und schweren Aufbaus auf Rügen.

Ich möchte Sie daher bitten, ja auffordern: wählen Sie doch nur das aus Ihren möglichen Ansprüchen aus, was mit der Bodenreform nichts zu tun hat! Geben Sie vor allem den Existenzgründern die Chance, die ihnen ja auch das Investitionsvorranggesetz einräumen möchte! Handeln Sie schnell!

Es wäre schade und verhängnisvoll, wenn das Haus Putbus in dieser geschichtlichen Situation alles andere als segensreich wirken würde.«

Den Appell des Mannes, der – wenn nicht im Parlament beschäftigt – das Wort Gottes verkündet, nahm der adlige Tankwagenverleiher nicht allzu ernst. Im Gegenteil: Er wurde schroff.

»Mehr als zwei Jahre lang suchte ich im Hinblick auf die genannte kleine Lösung nach einem allseits verträglichen Konsens. Vergeblich. Schriftliche Vereinbarungen, mit allen Ämtern getroffen, wurden verhindert, hintergangen. Mir ist nun klar, daß hiesige Besitzneuordnung mit der Suche nach Kompromissen nichts mehr gemein hatte. Der Vorteil der Verteiler stand im Vordergrund.

Und zwar in einer selbstherrlichen Art, wie es dem SED-Staat eigen war. Macht wird zum Eigennutz verwendet. Mir wurde allenfalls zugestanden mich in gröbster Bescheidenheit zu üben. Zurückhaltung zum Vorteil der Falschen. Auch hat die Wende bei Einzelnen nicht zu einer Neuorientierung in Geist und Denken geführt. Wie sonst ist es möglich, dass vertrauliche Amtsakten in selbstgefälliger Art der Öffentlichkeit zugänglich gemacht werden, ohne dass ein solcher Vorgang zu einem Wort des Bedauerns veranlasst. Das Recht des Einzelnen ist ein in 45 Jahren in der Bundesrepublik gewachsener Grundpfeiler unserer Staatsordnung.«

Nicht nur die CDU war irritiert. Zwar hatte sich längst herumgesprochen, wie selbstherrlich die Treuhand die DDR de-industrialisierte, aber man suchte wenigstens nach Ausreden und »Begründungen«.

Franz zu Putbus aber hatte schon im ersten Brief »Globalforderungen« gestellt, die aus Platzgründen hier nicht alle wiedergegeben werden können:

»1. Dumsevitz über Garz 401 ha;

2. Silmenitz über Garz: 250 ha;

3. Klein Schoritz über Garz: 62 ha;

4. Groß Schoritz über Garz: ca. 300 ha (Angaben 274 bis 306 ha);

5.Tangnitz: 248 ha;

6. Saiser: 3 Höfe/ 77,4 ha;

7. Putbusser Park: 75 ha;

8. Saiser: 10 ha;

9. Darsband: 190 ha;

10. Posewald: 275 ha;

(…)«

Als ihm dämmerte, dass er noch einiges vergessen haben könnte, schickte er auf einer weiteren Liste noch folgende Positionen hinterher:

»Jagdschloß Granitz;

Schloß Spyker;

Villa Lottum, Putbus;
Haus Circus 3, Putbus;
Gartenhaus;
Rosencafé Putbus;
Rendantenhaus, Park Putbus;
Haus Wolter, Park Putbus;
Vogelhaus Park Putbus;
Schauspielhaus Putbus;
Orangerie Putbus;
Friedrich Wilhelm Bad, Lauterbach;
Rugardturm und Gastwirtschaft, Bergen;
Gastwirtschaft Hülsenkrug, Mukran;
Gastwirtschaft Dollahner Höhen, Prora;
Gastwirtschaft am Jagdschloss Granitz;
Ziegelei Ketelshagen bei Putbus;
Gastwirtschaft Insel Vilm;
Kreidevorkommen Jasmund, Mönkendorf und Seh-
litz, verpachtet an Pommerschen Industrieverein;
Haus Circus 9, Putbus;
Haus Circus 10, Putbus;
Holzhof Alleestraße, Putbus;
Kursaal Putbus;
Haus Güstelitzerstraße, Putbus;
Gastwirtschaft Altgremmin;
Holländermühle Putbus;
Hafen Lauterbach;
Hafen Polchow, Jasmund;
Marstall Putbus und Nebengebäude;
Gärtnerhaus Park Putbus;
Kalksandsteinfabrik Putbus (vor 1945 stillgelegt).«
In der Schweriner Landesregierung wurde man ner-
vös. Alarmglocken läuteten. Finanzministerin Bärbel
Kleedehn (CDU) eilte nach Putbus, wo man Ende Juli
1993 zu einer Demonstration aufgerufen hatte. Laut Zei-
tungsbericht überbrachte sie den erbosten Rüganern die
Beruhigungs-Botschaft: »Das Landesamt zur Regelung

offener Vermögensfragen, das die Anträge von Herrn zu Putbus bearbeitet, hat vor wenigen Tagen, nämlich am 19. Juli 1993, den Rechtsanwälten von Herrn zu Putbus schriftlich mitgeteilt, dass es beabsichtigt, den Antrag von Herrn zu Putbus auf Rückgabe land- und forstwirtschaftlicher Flächen abzulehnen."

Aber Franz zu Putbus zog vor die Gerichte, die sich nun die Köpfe zerbrechen konnten, welche Paragrafen der »Rechtsstaat« in diesem Fall zu bieten hatte.

Am 30. August 1998 jubelte die *Ostsee-Zeitung* zum ersten Mal »Rügen – Franz zu Putbus 1:0«. Das Verwaltungsgericht in Greifswald hatte ein Urteil gefällt, wonach »die Genehmigungsbehörde befugt gewesen sei, die erforderliche Genehmigung für die Grundstücksveräußerung zu erteilen«. Das galt einem Grundstück, das Putbus bereits verkauft hatte, doch musste das Geschäft aufgrund der richterlichen Entscheidung annulliert werden.

Das Amt für offene Vermögensfragen beeilte sich, endlich handfeste Antworten an Putbus zu Papier zu bringen. (Wahlen rückten näher …) 87 Positionen der 1990 von Putbus eingereichten Listen wurden abgelehnt. Die Auswirkung dieses Bescheids hielt sich jedoch in Grenzen, denn das Amt war nur die erste von fünf möglichen Instanzen.

Franz zu Putbus reagierte. Er gründete zusammen mit dem Schweizer Immobilien- und Schrotthändler Ralf Sprick die sogenannte Muttland-Gesellschaft. Der Name war dem Plattdeutschen entlehnt und könnte großzügig mit »Mutterland« übersetzt werden.

Das erste Anliegen des neuen Unternehmens war, Putbus fortan in der zweiten Reihe spielen zu lassen. Der Prozess um die Immobilien vor dem Greifswalder Verwaltungsgericht rückte näher. Wäre Putbus vor Gericht als Allein-Rückgabeforderer aufgetreten, hätte das zu Image-Schäden führen können. Hinzu kamen prozessrechtliche Erwägungen. Also trat Putbus über Nacht seine Ansprüche an die Muttland GmbH ab, die ihn dafür als Gesellschafter aufnahm. Das so oft beschworene Erbe des Rügenschen Fürstenhauses war in den Händen eines Schweizer Geldjongleurs gelandet, des Kanzlers Rügen-Botschafter hatte das Fürstenwams gegen Börsen-Nadel-streifen vertauscht. Erinnert sei an seine erste Botschaft: »Dieses Wirtschaftssystem trägt und ist das Markenzeichen sozialer, demokratisch und christlich verankerter Parteien. Es ist das grundsolide Fundament der Bundesrepublik.«

Dieses Fundament wurde erkennbar, als Muttland-Vertreter die Insel zu bereisen begannen und allen, die durch die jahrelangen Querelen um Grund und Boden finanziell außer Atem geraten waren und obendrein weitere Anwaltskosten fürchteten, einen regelrechten Ablasshandel anboten. Für eine nicht unbeträchtliche Summe garantierte die Muttland, dass sie selbst dann auf Einspruch verzichten würde, wenn die Gerichte eines Tages die Rechte von Putbus anerkennen würden. Es war ein Geschäft mit der Angst.

Die Mafia ließ grüßen!

Im Juni 1997 bestätigte die *Ostsee-Zeitung*, dass der schmierige Papierhandel schwunghaft fortgesetzt wurde.

»Seit Monaten treibt die Muttland ein, bei Hausbesitzern, Landwirten, Hoteliers. Damit sie berappen, endet die Summe kurz vor der Schmerzgrenze. Im Gegenzug verzichtet die Firma auf ihren Restitutionsanspruch, der Sperrvermerk wird gestrichen.

Dann erst können Besitzer ihr Grundstück verkaufen oder beleihen. Juristisch ist der ›Lästigkeitsabkauf‹ legal. Auch wenn das Landesamt für offene Vermögensfragen der Muttland vorwirft, sie nutze ›den Rechtsstaat eiskalt und eindeutig geschäftsmäßig aus‹.«

Am 5. August 1997 fällte das Verwaltungsgericht Greifswald endlich ein Urteil: Die von den Muttland-Anwälten im Auftrage des zu Putbus vorgebrachte Version, die Familie wäre bereits von den Nazis enteignet worden und konnte demzufolge von der Bodenreform gar nicht erfasst werden, wurde nicht akzeptiert, weil kein schlüssiger Beweis dafür erbracht wurde. Die erhobenen Restitutionsansprüche wurden abgelehnt. Jeder im Gerichtssaal wusste, dass die Muttland sie längst in klingende Münze verwandelt und ahnte, dass der Marsch durch die Instanzen noch Jahre dauern konnte. Die erste, die es in aller Öffentlichkeit aussprach, war die Landrätin Dr. Karin Timmel: »Rügen hat noch lange keine Ruhe vor dem Herrn!«

Das Münchner Magazin *Focus* rügte denn auch die Richter: »Das Verwaltungsgericht verzichtete auf die Anhörung wichtiger Zeugen. Ein Gerichtssprecher räumt ein, dass ›eine Reihe von Beweisanträgen‹ abgelehnt worden seien. ›Das birgt die Gefahr von Verfahrensfehlern.‹ Für (Muttland-Chef) Kutz eine Steilvorlage. Gegen die Nichtzulassung der Revision hat er beim Bundesverwaltungsgericht in Berlin Beschwerde erhoben.«

Der Streit ging also weiter.

Im Juni 1998 endete er vor dem Bundesverwaltungsgericht. Es war der größte »Restitutionsanspruch«, der zu entscheiden war. Um weiteren Ärger zu vermeiden, ließ das Gericht keine Revision zu, nur eine Beschwerde vor dem Bundesverwaltungsgericht und wurde abgewiesen. 2004 starb Franz Wilhelm Dietrich Albrecht Fürst von Putbus 76-jährig und hinterließ als letzten Wunsch, auf Rügen beigesetzt zu werden.

Der Spiegel rief ihm in Ausgabe 16/2004 gleichermaßen zutreffend wie irreführend nach:

»Franz Wilhelm Dietrich Albrecht Fürst von Putbus, 76. Keiner stand so symbolisch wie er für Widersinn und Willkür der Neuordnung des Grundeigentums, die Einheitskanzler Kohl dem Gebiet der Ex-DDR aufgedrückt hat. Nach Kohls Grundsatz ›Rückgabe vor Entschädigung‹ hätte der Fürst, einstmals größter Grundeigner auf Rügen, nach der Wende eigentlich etwa ein Fünftel der Insel zurückbekommen müssen – rund 15.000 Hektar, die seine Familie erst an die Nazis, dann an die Kommunisten verloren hatte. Vater Malte von Putbus war 1944 verhaftet worden und später im KZ umgekommen. Doch eine formale Enteignung durch die Nazis scheint nicht stattgefunden zu haben, wohl aber bald darauf durch die sowjetische Siegermacht. Dadurch war das Putbus-Land entsprechend den Klauseln des Einigungsvertrags von der Rückgabe ausgeschlossen, und die Familie des Nazi-Opfers scheiterte mit ihren Ansprüchen in allen Instanzen. Franz Fürst von Putbus starb am 5. April in Meerbusch bei Düsseldorf an Krebs.«

Das Ende derer von Putbus, die einst Rügen besaßen? Keineswegs: Am ersten Augusttag des Jahres 2010 wurde der Enkel des Franz zu Putbus in der Kirche zu Vilmitz getauft. Die in Frankreich lebenden Eltern waren deswegen angereist. Und die Taufe zelebrierte nicht etwa der Dorfpfarrer, sondern der Bischof der Evangelischen Pommerschen Kirche, Hans-Jürgen Abromeit.

Ehre, wem Ehre gebührt!

Utz Jürgen Schneider

Die Akten des Dr. Utz Jürgen Schneider füllen viele Regale. Würde man den Baulöwen und Hochstapler mit dem legendären Hauptmann von Köpenick, dem Schuster Voigt, vergleichen und diesen – in Relation zu ihm – einen Waisenknaben nennen, würde man sich des Vorwurfs der maßlosen Untertreibung aussetzen. Der Mann war ein Betrüger von nahezu unbeschreiblichen Dimensionen, floh vor den Staatsanwälten und Ermittlern, die ihn mit Stapeln von Steckbriefen weltweit suchten, in dem er zwei Mitarbeiter des mobilen Einsatzkommandos Frankfurt am Main als Bodyguards engagierte, saß in Miami ein, wurde in der BRD verurteilt und freigelassen, als er zwei Drittel seiner Strafe abgesessen hatte.

So wäre eine Biographie dieses »Abschneiders« eher ein Thema für ein Verbrecheralbum als für ein Flachzangen-Mini-Lexikon, wäre da nicht ein Satz dieses in der Alt-BRD als Sohn eines Bauunternehmers groß Gewordenen,

Schneider mit Selbstbewusst-sein und Toupet, später trug er Bart und Glatze

der ihn ins Regal der ungewöhnlichen Flachzangen geraten ließ. Der bewusste Satz stammt aus einem Interview
der *Frankfurter Allgemeinen Zeitung* vom 9. Juni 2009
mit ihm und ist die mit leichter Scheinheiligkeit gefärbte
Antwort auf die Frage, ob ihn denn niemand vor seinen
Betrügereien gewarnt habe:

»Doch, meine Frau. Aber ich habe damals gesagt: Die
Wiedervereinigung ist eine historische Chance, wir wissen nicht, wie es ausgeht, aber ich setze auf blühende
Landschaften. Und was man damals alles bauen konnte,
vor allem in Leipzig! Die Banken sind mir gefolgt, was
mich auch weiter verführt hat, dort zu investieren. Von
den Banken hätte eigentlich der Rat kommen müssen,
kürzerzutreten.«

Das klang nach den Märchen der Gebrüder Grimm
und hatte wenig zu tun mit deutscher Banken-Realität.
Dass Schneider damals die Treuhand betrog, könnte man
ihm nachsehen und ließe sich noch abtun unter »Die
betrogenen Betrüger«, aber Schneider hatte damals nicht
nur die Firmen Breuel und Ackermann erleichtert und
die ergaunerten Summen auf Karibik-Inseln transferiert,
sondern vor allem Leipziger Bauunternehmer und die bei
ihnen Tätigen über den Tisch gezogen.

Was dabei herauskam konnte man – möglicherweise
nicht ohne Staunen in der *Leipziger Volkszeitung* am 5. Mai
2009 lesen. »Vor 15 Jahren war plötzlich alles zu Ende:
Im April 1994 stellt die Deutsche Bank Strafanzeige, das
Insolvenzverfahren wird eröffnet und Schneider flüchtet
nach Florida. In Leipzig und anderen Städten bangen
viele Handwerksfirmen um ihre Zukunft. Sie sitzen auf
ihren Rechnungen und das Entsetzen ist groß – galt
Schneider doch zuvor als der Retter vieler historischer
Bauten. […]

Im Westen bereits als erfolgreicher Unternehmen bekannt sucht er 1990 nach einem geeigneten Ort für sein
Ostengagement und verliebt sich in Leipzig: ›Bezaubert

von der Anmut des historischen Kerns hatte ich Leipzig vom ersten Moment an ins Herz geschlossen.‹ Vom Flair angetan will er selbst der Stadt das historische Gesicht wieder geben: ›Im inneren Ring der Messestadt lag eine bauliche Schönheit im Dornröschenschlaf, und ich war der Prinz, der sie wach küssen wollte – und konnte‹, schreibt er später.

Doch als er 1991 damit beginnt, in Leipzig eine Immobilie nach der anderen zu kaufen, hat er in den alten Bundesländern bereits einen Schuldenberg von fast zwei Milliarden D-Mark angehäuft. Trotzdem entwickelt der Königsteiner eine ungewöhnliche Kaufwut: Neben Edelimmobilien wie Barthels Hof und dem Fürstenhof erwirbt er auch 60 Prozent der Mädlerpassage, das Romanushaus, den Zentralmessepalast und das Bamberghaus am Augustusplatz. Vor allem die Durchgangsverbindungen und Höfe sind seine Leidenschaft: Steibs Hof in der Nikolaistraße, Thiemes Hof in der Querstraße, Wünschmanns Hof am Dittrichring sind nur einige Beispiele dafür. Am Ende gehört ihm ein Zehntel der City. Das Geld für seine Leipziger Immobilien borgt sich der Hesse bei mindestens 22 Banken zusammen.«

Das Desaster nahm die entsprechenden Dimensionen an. »Leipzig war mein Waterloo«, bekannte er einmal und gestand auch vor Gericht für die Finanzierung des Zentralmessepalastes den Banken Scheinrechnungen rund um 30 Millionen D-Mark präsentiert zu haben.

Aber nicht die Banken wurden stutzig oder gar misstrauisch. Jemand – vielleicht ein Konkurrent? – lancierte Ende Februar 1994 einen Text in die Presse, der über Probleme mit Mietern der Schneider-Immobilien berichtete. Da wurden viele hellhörig, und stellten Fragen. Schneider stieg ins nächste Flugzeug und verschwand. Die *LVZ* dazu: »Der Immobilienguru hatte über Jahre hinweg Mietverträge und Baupläne gefälscht, Informationen zurückgehalten und fehlerhafte Rechnungen aufgestellt.

Beim Zusammenbruch seines Imperiums hinterlässt er bei über 50 Geschäftsbanken den Gesamtbetrag von 5,4 Milliarden D-Mark Schulden, der sich nach dem Verkauf der meisten Immobilien auf 2,4 Milliarden D-Mark verringerte. Nach einer Flucht ins Ausland wird das Ehepaar im Mai 1995 in Miami verhaftet, im Februar 1996 an die Bundesrepublik ausgeliefert. Nach zweieinhalb Jahren Untersuchungshaft folgt im Juni 1997 das größte Wirtschaftsstrafverfahren, das das deutsche Baugewerbe bis dato erlebt hat – 446 Seiten Anklageschrift, sechs Monate Prozess, Vertreter von über 50 Banken als Zeugen. Schneider bekennt, bei den Objekten Zentralmessepalast und Mädlerpassage in Leipzig mit Scheinrechnungen und Strohfirmen gearbeitet zu haben.

Am Ende steht fest: Bauspekulant Jürgen Schneider wird wegen schweren Betrugs, Kreditbetrugs und Urkundenfälschung zu sechs Jahren und neun Monaten Gefängnis verurteilt. Strafmildernd wertet das Landgericht Frankfurt die unfassbare Fahrlässigkeit vieler Bankmitarbeiter.«

Von Ermittlungen oder gar Verfahren gegen Banken wurde nichts bekannt.

Nachdem er zwei Drittel seiner Strafe verbüßt hatte, wurde Schneider freigelassen und wechselte seinen Job, in dem er sich zu den Buchautoren gesellte. Wer möchte nicht wissen, wie man Banken übers Ohr hauen kann? Zusammen mit dem Ghostwriters Ulf Mailänder brachte er drei Bücher heraus. Das erste mit dem Titel: »Bekenntnisse eines Baulöwen«.

In Leipzig kehrte man die letzten Cents hervor, um eine Katastrophe zu vermeiden. Den Töchtern des Passagen-Erbauers Anton Mädler gelang ein Triumph vor Gericht. Später raffte sich die Commerzbank auf und beteiligte sich daran, den Durchgang für fast 30 Millionen D-Mark zu sanieren. Andere Gebäude wurden von Gläubigerbanken übernommen und saniert.

Man mag es nicht glauben, aber bald darauf ließ sich Schneider in Leipzig als »Retter der Innenstadt« feiern.

Die Hauptgeschäftsführerin der Leipziger Handwerkskammer Sigrid Zimmermann antwortete der *LVZ* auf die Frage nach dem Motiv für die Hilfe der von dem Schneider-Betrug betroffenen Firmen: »Wegen der politischen Dimension der Schneider-Pleite haben viele Akteure damals gemeinsam angepackt, um die regiona-le Wirtschaft zu schützen. Eine Arbeitsgruppe unter Beteiligung von Stadt, Handwerkskammer und Industrie- und Handelskammer hat rasch versucht, die Situation zu entschärfen. Die Stadt half mit schnellen Überweisungen offener Rechnungen an Handwerker. Die Handwerkskammer schaltete eine Telefon-Hotline, um schnell für betroffene Firmen erreichbar zu sein und ihnen zu helfen.«

So sprang alles, was Beine hatte, ein, um die Schneider-Katastrophe zu deckeln. Damit nicht genug: Heute noch werden Führungen arrangiert. Ankündigung: »Stadtführungen auf den Spuren Jürgen Schneiders«.

Und am 1. Oktober 2009 strahlte der *WDR* in seiner Serie »Menschen hautnah« die Folge aus: »Ich war Baulöwe Dr. Schneider.« Aus dem Einführungstext: »Schneider prellte die Banken um insgesamt 5,6 Milliarden D-Mark.« Dem Schöpfer des Films Monheim attestiert der *WDR*: »Er lässt Schneider nochmal die Plätze der Vergangenheit besuchen: die Innenstadt von Leipzig – hier kaufte Schneider nach der Wende 60 Immobilien, die Gefängniszelle, in der er zwei Jahre zubrachte, den Gerichtssaal, in dem Schneider seinen Richter wiedertrifft, das Grundstück, auf dem früher sein Elternhaus stand. Sein ›märchenhafter Reichtum‹, lernt man, ›bestand nur aus Schulden‹. Man merkt Schneider noch immer Stolz und Eitelkeit an, wenn er von früher erzählt. Er ließ sich im goldenen Mercedes von Baustelle zu Baustelle fahren.«

Die *FAZ* meldete am 3. August 2010: »Jürgen Schneider abermals wegen Betrugs angeklagt.«

»Laut Anklage soll Schneider zwischen Oktober 2008 und Februar 2009 mit Vertretern von Firmen oder Fondsgesellschaften über Investmentgeschäfte verhandelt haben. Dabei soll er vorgegeben haben, aus dem Familienvermögen seiner Frau, das er verwalte, Darlehen von mehreren Millionen Euro investieren zu wollen. Tatsächlich war er laut Anklage weder bereit noch in der Lage, das Geld zu zahlen.

Stattdessen verlangte er in allen drei Fällen eine Art Sicherheit vorab – zur Prüfung der Investition, als Bearbeitungsgebühr oder auch ›als Zeichen, dass man an das Projekt glaube‹. Eine Firma, die an Spielbanken beteiligt gewesen war, zahlte tatsächlich 67.000 Euro – bevor sie nur einen Cent gesehen hatte.

Laut Anklage hat Schneider sich Unternehmen ausgesucht, die sich ›tendenziell im zwielichtigen Bereich aufhalten‹ – darunter eine Firma, die ein Internetportal für den Begleitservice von Callboys und Callgirls einrichten wollte.«

Abschließend hieß es, dass das Verfahren gegen Schneider in Bonn vor einem Schöffengericht statt finden werde. »Einen Termin gibt es noch nicht.«

Man sieht: Nicht nur der Schuster, sondern auch Schneider bleibt bei seinen Leisten.

Michael Rottmann

Der *Spiegel* hatte schon 1995 in der Ausgabe Nr. 28 eine Story über Rottmann mit dem reißerischen Titel »Mit Protz in die Pleite« überschrieben und einige Fakten in die Unterzeile geschnürt: »Das Treuhand-Unternehmen Wärmeanlagenbau (WBB) hatte viel Bargeld, eine Menge Immobilien und einen guten Auftragsbestand – jetzt hat es nichts mehr. Ein Westmanager, so vermutet die Staatsanwaltschaft, hat das Unternehmen ausgenommen. Ein mehrstelliger Millionenbetrag ist auf Schweizer Konten gelandet.«

Dabei war dem Nachrichtenmagazin nur ein einziger – allerdings kapitaler – Fehler unterlaufen: Der Wärmeanlagenbau war kein »Treuhand-Unternehmen«, sondern von Hause aus ein volkseigener Betrieb. Wie immer man das bewerten oder ausdeuten mag: Eigentümer war ursprünglich die Bevölkerung der DDR. Dass sich die Bundesrepublik Deutschland den Betrieb durch einen

Rottmann: Springers Berliner Morgenpost *hielt ihn am 8. Oktober 2009 für den »größen Betrüger der Nachwende-Zeit«*

schlitzohrigen »Vertrag« unter den Nagel gerissen hatte – und der führte letztlich auch dazu, dass der *Spiegel* ihn wider besseren Wissens als »Treuhand-Unternehmen« bezeichnete – illustriert nur die Folgen der »Einheit«, die immer öfter treffender als die »De-industriealisierung« der DDR bezeichnet wird. Dieser Betrieb ist einer der vielen Beweise dafür, wie verlogen die Propaganda war, die die DDR-Betriebe generell als marode oder zahlungsunfähig ausgab.

WBB verfügte über stattliche Immobilien und volle Auftragsbücher. Mithin: Auch in diesem Fall gab es genug Möglichkeiten, das Unternehmen überleben zu lassen, aber keine wurde genutzt. Um wenigstens einige der vielen verfälschenden Darstellungen über die De-industrialisierung der DDR zu widerlegen, sei darauf verwiesen, dass sich die von der Bundesregierung finanzierte und mit der Absicht bundesdeutsche Politik zu popularisieren und als preiswert zu empfehlen, unterhaltene Bundeszentrale für politische Bildung (BpB) 2001 aufraffte, einen Beitrag zu publizieren, der den Titel »Wirtschaftskriminalität im Einigungsprozess trug. Verfasst hatten ihn der damals 31-jährige Rechtsanwalt Kai Renken und der damals 42-jährige Rechtsanwalt Werner Jenke. Vielleicht sollte man noch erwähnen, dass Kai Renken – wenn das Internet nicht lügt – ein Grundstück in Kreuzberg anbietet und wortreich empfiehlt – bis hin zu dem Slogan »Kreuzberger Nächte sind lang«.

Im Auftrag der Bundesregierung und damit der BpB – hatten die beiden zwecks Förderung der politischen Bildung die Vereinigungskriminalität untersucht und waren zu dem Schluss gelangt: »Spätestens mit dem Fall der Mauer begann nicht nur der rasche Prozess der Wiedervereinigung der beiden deutschen Staaten, sondern auch der rasante Verfall staatlicher Autorität in der DDR, der eine ganz besondere Art der Wirtschaftskriminalität ermöglichte, die als so genannte ›Vereinigungskriminalität‹

ein wenig ruhmreiches Kapitel der deutschen Wiedervereinigung darstellt. Bisher kam es hier zwar zu zahlreichen Ermittlungsverfahren, aber nur in einer verschwindend geringen Zahl auch zu Verurteilungen.«

Die Autoren verzichteten darauf, die – was oft genug nachgewiesen worden war und auch heute kaum mehr geleugnet wird – Hauptquelle dieser Kriminalität, nämlich das Treiben der Treuhand, als Hauptquelle zu nennen, sondern entdeckten: »Es waren vor allem ›Geschäftemacher‹ und ›Glücksritter‹ aus beiden Teilen Deutschlands, die in dieser Zeit ungeklärter Verhältnisse die Gunst der Stunde nutzten, sehr schnell zu sehr viel Geld zu kommen.« Ein klassisches Beispiel mehr dafür, wie man heutzutage Geschichte »aufzuarbeiten« pflegt.

Wie hätten »Glücksritter« oder »Geschäftemacher« dazu kommen können sehr schnell zu sehr viel Geld zu kommen, wenn ihnen nicht irgendjemand die Möglichkeit dazu bot? Noch einmal: »Irgendjemand« war die Treuhand, und die hatte nur die Aufgabe zu erfüllen, die DDR zu de-industrialisieren und betrieb das mit allen Mitteln, die man sich ausmalen kann.

Auf Seite 2 der elfseitigen »wissenschaftlichen Untersuchung« der Bundeszentrale, die »politische Bildung« zu betreiben trachtete – in der DDR war das weniger aufwändig und nannte sich »Parteilehrjahr« – hatten die beiden Rechtsgelehrten ein Kapitel »Abgrenzung der Regierungs- zur Vereinigungskriminalität« folgen lassen. Es kann auf Zitate verzichtet werden, weil diese sich in gewohnten Sprüchen zu diesem Thema erschöpfte.

Den nächsten Abschnitt widmeten die Autoren der »Währungsumstellungskriminalität«, den übernächsten dem »Transferrubel (XTR)-Betrug«, und dann folgte die »Systemkrimininalität« mit den Kapiteln »Ministerium für Staatssicherheit« und »Kriminalität im Bereich der ehemaligen ›Koko‹-Unternehmen«, und der »Kriminalität im Bereich der Parteien und Massenorganisationen«, die verbleibenden rund 13 Prozent des Textes wurden als ausreichend empfunden, um die »Treuhandkriminalität« zu behandeln.

Den Raub von – wie man weiß – Milliarden volkseigenen Vermögens wurden von den modernen Parteischullehrern so erklärt: »Der vielleicht größte Einzelfall und zugleich ein besonders herausragendes Beispiel für eine perfekte Mischung aus Gerissenheit und einem Höchstmaß an krimineller Energie auf der einen Seite und fehlender Kontroll- bzw. Warnmechanismen auf der anderen Seite ist der Fall der Wärmeanlagenbau Berlin GmbH (WBB). Anfang 1991 interessierte sich die Deutsche Babcock AG für den einstigen DDR-Monopolisten für Heizkraftwerke und Fernwärmeleitungen. Sie schickte daher ihren damaligen Prokuristen, Michael Rottmann, nach Berlin, um die Situation der WBB zu analysieren. (…)

Zum damaligen Zeitpunkt belief sich der tatsächliche Wert der WBB nach Schätzungen auf rund 68 Mio. DM, wobei die WBB über liquide Mittel in Höhe von rund 150 Mio. DM sowie etliche lukrative Grundstücke verfügte. Bereits unmittelbar nach dem Kauf wechselte Rottmann in die Geschäftsführung der WBB und begann zusammen mit seinen Komplizen, die Guthaben über ein undurchsichtiges Firmengeflecht auf andere Konten zu transferieren, Grundstücke zu veräußern und Hypotheken aufzunehmen. Auf diese Weise sollen Rottmann und Komplizen der WBB insgesamt rund 150 Mio. DM entzogen haben.«

Keine Silbe darüber, dass nach haargenau diesem Muster hunderte von Betrieben ausgeraubt wurden, ohne dass sich irgendjemand maskieren oder eine Pistole beschaffen oder an einem Schalter »Geld her!« schreien musste. Und wenn mit einem belanglosen Nebensatz »fehlende Kontroll- bzw. Warnmechanismen« moniert wurden, blieb die Tatsache völlig unerwähnt, dass der zuständige Oberaufseher und nachmalige Bundespräsident Köhler allen Direktoren der Treuhand einen gesiegelten Strafverfolgungsfreibrief ausgestellt hatte. Und es hatte nicht einmal an New Yorker Banken trainierten Betrügern bedurft, um diesen größten Raubüberfall der deutschen Kriminalhistorie, sondern »Flachzangen« – von Synonymforschern auch als »Doppellnull«, »Hohlbrot«, »Teilzeitdenker« oder »master of disaster« deklariert – reichten hin, um Milliarden zu erbeuten.

Der schon zitierte *Spiegel* hatte die Rottmann-Aktion ein wenig anders bewertet, als die von der Bundesregierung für die politische Bildung der deutschen Bevölkerung Bezahlten.

»›Wir werden Kraftwerke bauen, wie andere Brötchen backen‹, versprach der Westmanager und Chef der Ost-Berliner Wärmeanlagenbau GmbH im Frühjahr 1991. Bis 1995 sollten ›alle vergleichbaren Ingenieur-Unternehmen überholt‹ sein.

Wie Rottmann sich ins Zeug legte, zeigte die *ARD* im Januar 1993 zur besten Sendezeit. Titel des 45-minütigen Heldenepos: ›Der Kraftakt‹. Schon damals hätte der Stoff viel besser zu einem Krimi getaugt.

Die Erfolgsgeschichte endete ziemlich abrupt – mit Konkurs im November 1994. Vieles spricht dafür, dass die Ostfirma von Anfang an ausgeplündert wurde.

Am Donnerstag vergangener Woche ließ die Berliner Staatsanwaltschaft 85 Geschäftsräume und Privatwohnungen durchsuchen, etwa 150 Beamte waren an dem Großeinsatz im Bundesgebiet und der Schweiz beteiligt. Auch die Stabstelle Recht der Treuhand-Nachfolgerin BVS ermittelt seit Wochen. Sie vermutet, dass die Plünderer Helfer in der Berliner Anstalt hatten.

Als Rottmann und seine Seilschaft im März 1991 die Führung des Unternehmens übernahmen, waren die Konten voll, wertvolle Immobilien waren vorhanden. Nun reicht es nicht einmal mehr für einen Sozialplan für die letzten der ehemals 1.200 Mitarbeiter. Mehr als 200 Millionen Mark sind verschwunden.

Der Fall WBB ist ein Lehrstück: Es zeigt, wie leichtfertig die Treuhandanstalt vermeintlich seriösen Investoren Glauben schenkte – und wie ungeniert diese das einstige Volksvermögen in Privateigentum überführten.

Jahrzehntelang hatte WBB für Heizkraftwerke und Fernwärmeleitungen in der ganzen DDR gesorgt. Die Firma hatte Betriebsstätten und Bürogebäude in Berlin, Leipzig und Zwickau, insgesamt 16,2 Hektar Grundbesitz. Nach der Wende zeigte die westdeutsche Babcock AG Interesse an dem Ostunternehmen – es gab gute Kontakte aus alten Zeiten.

Michael Rottmann, Leiter Projektierung bei der Deutschen Babcock Energie und Umwelttechnik AG, prüfte das Unternehmen im Auftrag des Oberhausener Konzerns. Er erhielt bei WBB Einblick in alle Unterlagen und erkannte den Wert des Immobilienbesitzes.

Allein hatte der Diplomingenieur jedoch keine Chance, er brauchte Partner, die potent und vertrauenswürdig erschienen. So besann er sich auf den ihm bekannten Schweizer Justin Kessler. Der repräsentierte ein vergleichsweise kleines, aber alteingesessenes Unternehmen im Kanton Aargau, die Chematec AG. Deren Präsident war der Berufsaufsichtsrat Geoffrey Haeberlin.

Eines Abends im November 1990 begegnete Kessler im Düsseldorfer Flughafen dem WBB-Geschäftsführer Dieter Voigt – ›ganz zufällig‹, wie Voigt noch heute beteuert. Anfang Dezember trafen Kessler und Haeberlin in Berlin mit der WBB-Führung zusammen.

Die beiden Schweizer gaben kurz vor Weihnachten bei der Treuhand ein Angebot ab, und weil sie die Firma komplett wollten und ein detailliertes Konzept hatten, bekamen sie den Zuschlag.

Da die Gespräche mit den Schweizern ja Beratungscharakter hatten, machte Voigts Kollege Heinz Langher schon einmal die Kasse auf. Haeberlin, der ›Schweigsame mit der dicken Rolex‹ (ein ehemaliger Mitarbeiter), ließ sich schon vor Silvester und nochmals in den ersten Januartagen 1991 jeweils einen Scheck geben, Gesamtsumme: 1,6 Millionen Mark.

Auf seiten der Treuhand führte Konrad Zwinscher die Gespräche. Er kannte die WBB aus seiner Tätigkeit im DDR-Ministerium für Kohle und Energie.

Ein anderer Treuhänder überwand den Widerstand der Arbeitnehmerseite: der neue Direktor für Sonderaufgaben, Axel Nawrocki, der später als Chef der Berliner Olympia GmbH für Schlagzeiler sorgte. (…) Jetzt hakte es nur noch beim Kaufpreis. Die Treuhand einigte sich mit den Schweizern auf zwei Millionen Mark, außerdem sollten sie Altschulden in Höhe von 31 Millionen Mark übernehmen. Gleichzeitig wurde das Unternehmen mit Hilfe der DM-Eröffnungsbilanz kleingerechnet, bis am Ende ein Substanzwert von Null verblieb.

Dass per 31. Dezember 1990 rund 153 Millionen Mark auf den Konten lagen und aus Altaufträgen noch Umsätze von etwa 710 Millionen zu erwarten waren, spielte keine Rolle. Statt dessen wurden die Risiken aufgeblasen und die Immobilien mit 38 Millionen Mark abenteuerlich niedrig bewertet.

Aktuelle Gutachten von Sachverständigen, die zu weit höheren Bewertungen kamen, wurden, so Treuhand-Justitiar Hansjörg Schaal heute, der Anstalt damals vorenthalten. Welche Rolle dabei die Bilanzprüfer spielten, wird jetzt zu ermitteln sein.

Im Kaufvertrag, am 27. Februar 1991 unterschrieben, verpflichteten sich die Schweizer zu fast nichts: Die Arbeitsplatzgarantie und die Investitionszusagen sind butterweich formuliert. Sanktionsfähig ist nur der Verkauf der Immobilien innerhalb von fünf Jahren.

Noch während die Schweizer mit der Treuhand pokerten, ließ Babcock-Manager Rottmann die Anstalt per

Telex am 12. Februar 1991 wissen, für Babcock lohne sich die WBB nicht, weil sie einige Jahre ein Zuschussgeschäft sein werde. Drei Wochen später stand der Babcock-Aussteiger Rottmann an der Spitze der angeblich siechen Firma, inthronisiert von seinen Mitgeschäftsführern Haeberlin und Kessler. Die Altkader Voigt und Langner komplettierten die neue Führung.

Das neue Quintett genehmigte sich als erstes eine Sonderzahlung in sechsstelliger Höhe. Doch das war erst der Anfang. Allein im März 1991 schoben sie 43,6 Millionen Mark in die Schweiz, vornehmlich zugunsten einer Briefkastenfirma, die Kessler und Haeberlin, einen Tag, bevor der Kaufvertrag in Berlin unterzeichnet wurde, gegründet hatten.

Auch die WBB bekam ein Konto bei einer Schweizer Bank, allerdings in Berlin. Auf dem wurden am 20. März 1991 noch einmal zwei Millionen Mark geparkt. Von den Geldtransfers merkte die Belegschaft nichts. Rottmanns rüden Umgangston schluckte sie, seine Geschäftigkeit beeindruckte sie. Er ließ neue Computer samt Zubehör und Software kaufen: bei der Mutterfirma Chematec und einer Montegro SA in Lugano. Auch dort hatte Kessler das Sagen. Allein 1991 gingen für EDV 4,5 Millionen Mark an beide Firmen. (…)

Bereits im August 1991 gab die Deutsche Industrie- und Handelsbank auf das WBB-Verwaltungsgebäude in der Wallstraße, im Herzen der neuen Hauptstadt, einen Kredit von 60 Millionen Mark. Später, nach einer Umschuldung, legte die Bayerische Hypotheken- und Wechsel-Bank nochmals 30 Millionen Mark drauf. Und auf Gebäude und Grundstücke im Ost-Berliner Industriegebiet Rhinstraße erhielt Rottmann noch einmal 40 Millionen Mark.

Das eigene Personal musste weitgehend in die weniger attraktive Rhinstraße in Marzahn umziehen. Geblieben ist der Chef: Das Dachgeschoss Wallstraße wurde

zu einem feudalen Wohn- und Büroensemble mit weit-
läufigen Terrassen hergerichtet. Allein die fast 500 Quadratmeter große Wohnung, die Rottmann als Behausung
und Privatbüro nutzt, kostete vier Millionen Mark.

Im Februar 1995, also nach Eröffnung des Konkurs-
verfahrens, verkauften Rottmann und der einstige WBB-
Geschäftsführer Langner die Immobilien in Berlin und
Leipzig – inklusive der Grundschuldbriefe. Das Gebäude
in der Wallstraße brachte 107 Millionen Mark, die Rhinstraße inklusive Neubau und zwei Objekte in Leipzig
erzielten seltsamerweise nur 39,7 Millionen.«

Das wurde 1995 zu Papier gebracht. 14 Jahre später
meldeten Berliner Zeitungen: »Deutschlands schlimms-
ter Wende-Raffke, Michael Rottmann (66), geht gerade
mal drei Jahre und neun Monate in den Knast – für 20
Millionen Euro Beute. Das sitzt der Manager mit der linken Arschbacke ab, wie der Berliner so schön sagt.«

Rottmann hatte fast 1.500 Berliner um ihre Arbeit
gebracht, selber Millionen auf seine Konten lanciert und
als sich endlich jemand aufraffte, das längst fällige Verfahren gegen ihn zu eröffnen, war er spurlos verschwunden. Eingeweihte wussten, dass er auf seiner Luxusjacht
»Magnum« mit jungen Freundinnen um die Welt segelte.
Nach 14 Jahren griff man ihn endlich

Er schien nicht allzu sehr beeindruckt und verkündete
den Richtern keineswegs frei von eitlem Stolz: »Ich muss
damit leben, der größte Betrüger der Wendezeit genannt
zu werden.«

Man verurteilte ihn zu drei Jahren und neun Monaten Gefängnis, und aus den Zeitungen konnte man erfahren, wie radikal sich sein Leben verändert hatte. Emp-
findsame Gemüter rechneten damit, das demnächst eine
Sammlung gestartet würde, um ihm die Bitternis des
Knastlebens erträglich zu machen.

Doch es gab keine Sammellisten, sondern im November 2010 eine Mitteilung des Bundesgerichtshofes. Die

Berliner Zeitung meldete am 4. November 2010: »Er galt als Drahtzieher im wohl größten Fall von Vereinigungskriminalität: Im Dezember vergangenen Jahres wurde Michael Rottmann vom Berliner Landgericht wegen schwerer Untreue zu drei Jahren und neun Monaten Gefängnis verurteilt. Rottmann wurde verurteilt, weil er kurz nach der Wende die Firma WBB um rund 100 Millionen Mark geschädigt hat. Rund 20 Millionen davon soll Rottmann für sich behalten haben. Bis vergangene Woche saß der heute 67-Jährige in Haft. Wie die *Berliner Zeitung* gestern erfuhr, wurde Rottmann jetzt entlassen: Der Bundesgerichtshof in Leipzig hat auf Rottmanns Revision hin mit Beschluss vom 28. Oktober das Urteil gegen ihn aufgehoben und das Verfahren eingestellt.

Damit bleiben Rottmanns Taten weitgehend ungesühnt. Ob er für die Haftzeit entschädigt wird, darüber muss noch entschieden werden.«

Was war geschehen?

Die Richter hatten sich bei den Fristen, die für die Verjährung gelten, verrechnet. Nicht bei den Millionen, die Rottmann geraubt hatte, sondern bei den Fristen.

Ordnung muss herrschen im Rechtsstaat.

Auch für Flachzangen!

Flach, flacher, kriminell

Von Frank Schumann

Die Idee für das Buch kam mir beim Frühstück. Ich lese morgens einige Tageszeitungen, um mir das Kauen der aufgeblasenen Westschrippen erträglicher zu gestalten. Doch der Wettstreit, wer nun mehr Luft enthält, die Schrippen oder die Zeitungen, pflegt in der Regel unentschieden zu enden. In einer im Westteil der Stadt produzierten Gazette las ich eine Meldung, die mich fast veranlasst hätte, die zerkaute Semmel über den Tisch zu prusten. Der neue Rektor der Musikhochschule in Weimar heiße Prof. Dr. Christoph Stölzl, stand dort. Wie bitte? Der?

Christoph Stölzl galt als Intimus von Kanzler Helmut Kohl und war von der Bundesregierung zum Generaldirektor des 1987 im Reichstag gegründeten Deutschen Historischen Museums in Berlin (West) berufen worden, am 3. Oktober 1990 verlegte der nunmehrige Professor seinen Dienstsitz ins Museum für Deutsche Geschichte Unter den Linden im Ostteil der Stadt, das fortan Deutsches Historisches Museum hieß. Diese Leitungsfunktion nahm Kohls Kader bis 1999 wahr. Anschließend arbeitete Stölzl als stellvertretender Chefredakteur und Feuilletonchef der Tageszeitung *Die Welt* im Hause Springer. Seit 2002 firmierte er als freiberuflicher Publizist.

Und nebenbei: Von Juni 1989 bis September 1990 war Stölzl stellvertretender Landesvorsitzender der Berliner FDP. 2000 wurde er auf Vorschlag der CDU Senator für Wissenschaft, Forschung und Kultur in der Hauptstadt. Bei den Wahlen am 21. Oktober 2001 kam er, inzwischen CDU-Mitglied, ins Berliner Abgeordnetenhaus und war bis 2006 dessen Vizepräsident. Von 2002 bis 2003 versuchte sich Stölzl kurzzeitig auch als Landesvorsitzender der Berliner Christdemokraten und als Mitglied des CDU-Bundesvorstandes. Er ist Kuratoriumsmitglied verschiedener Stiftungen, darunter der CDU-nahen Konrad-Adenauer-Stiftung.

Also dieser hoch qualifizierte, honorige Prof. Dr. Stölzl, Träger des Bundesverdienstkreuzes 1. Klasse und freiberuflicher Publizist, war nunmehr Chef einer renommierten ostdeutschen Musikhochschule geworden.

Die können einfach alles, dachte ich neidvoll, und sofort fielen mir weitere Wunderwaffen aus dem Westen unseres Vaterlandes ein, die im Osten verbrannte Erde hinterlassen hatten. Ich rief bei Klaus Huhn an, der ein vorzügliches Archiv besitzt, und fragte ihn, ob er nicht einmal eine Kollektion von Flachzangen zusammenstellen könne. Eine kleine Auswahl liegt hiermit vor.

Drei Bemerkungen will ich seinen Texten nachschicken, mit der ich keine seiner Zeilen zurücknehme. Aber vielleicht tragen sie zum besseren Verständnis bei.

1. In jedem Volk und seinen Teilen gibt es Spitzbuben, schwarze Schafe, Dampftrommler, Wichtigtuer und Blödiane. Auch wenn es darüber keine Untersuchungen gibt, dürfte wohl der Prozentsatz in jeder Nation annähernd gleich groß sein. So auch hierzulande. Da es jedoch mehr West- als Ostdeutsche gibt, dürfte drüben der Anteil der Knallchargen und Flachzangen auch dreimal so hoch sein wie hüben. Mindestens. Möglicherweise ist der Prozentsatz sogar noch höher aufgrund besonderer Umstände, über die noch zu reden sein wird.

Allerdings gilt auch der Umkehrschluss. Es gibt im Westen quantitativ mehr vernünftige und anständige Zeitgenossen als hierzulande. Will heißen: Wenn wir in diesem Buch unser Augenmerk auf einige Typen aus dem Westen lenken, ist damit nicht behauptet, dass sie repräsentativ seien und für *alle* Wessis stünden. Und selbst unter jenen, die einwanderten, waren und sind auch angenehme Mitmenschen. Die geographische Herkunft führt nämlich nicht zwingend zur Deformation von Charakter und Geist.

2. Bei vielen, die mit Buschzulage und Abenteuerlust in den Osten einfielen, herrschte die Überzeugung vor, als Träger der Zivilisation im Lande der Barbaren missionieren zu müssen. Dieser Irrglaube wurde ihnen von der Politik und von den Medien eingeblasen. Er traf auch deshalb auf offene Ohren und keineswegs auf Durchzug, weil man schon immer davon überzeugt war, in der besten, schönsten und glücklichsten aller Welten zu leben. So hörte man's vierzig Jahre im Radio, so quoll es aus dem Fernseher, so sah man es in bunten Magazinen. Die vorherrschende Oberflächlichkeit bei der Betrachtung und Beurteilung der Welt erlebten auch wir schon vor 1989 bei gelegentlichen Begegnungen mit »normalen« Bundesbürgern. Ihr Horizont ragte oft nicht über das Format der *Bild* hinaus. Und der Selbstzweifel war ihnen völlig abhanden gekommen.

Das nahm seit 1990 noch zu. Wenn – was die Ausnahme, denn jeder dritte Westdeutsche war noch nie hier – Wessis in den Osten reisen, tun es die meisten in der Erwartung, all die dumpfen Vorurteile bestätigt zu finden, und um zu besichtigen, wozu »ihr« Solidarzuschlag nutzbringend verwandt wurde.

Unter meinen Bekannten ist eine Reiseführerin aus Rostock, die mich mit derlei Episoden versorgt, von denen die nachfolgende noch zu den harmlosen gehört: Bei der Besichtigung einer uralten Kirche in Mecklenburg-Vorpommern im Sommer 2010 kommentierte ein Bremer den modrig-feuchten Geruch mit dem hellseherischen Satz: »Kein Wunder, dass es hier so riecht, schließlich hatten die Kommunisten die Kirchen vierzig Jahre lang zugemauert.« Das Ärgerliche sei, so die Rostockerin, dass inzwischen die hiesigen Behörden opportunistisch darauf reagieren, um Diskussionen zu vermeiden. So teilt man, etwa am Kloster in Bad Doberan, auf Tafeln nur noch die Beendigung der Restaurierungsarbeiten mit, die irgendwann in den 90er Jahren lag, und verschweigt damit, dass diese Jahrzehnte zuvor in der DDR begannen. Was, die DDR hat Klöster restauriert? Das ist doch eine kommunistische Lüge! Also verschweigt man's.

Die alte Post in Rostock, aufwändig und streng unter denkmalpflegerischen Auflagen von der DDR wieder hergestellt, erhielt von einer Bank in den frühen 90er Jahren einen neuen Farbanstrich. Darüber macht ein Aushang lautstark Mitteilung – nicht über den Aufwand, den zuvor das untergegangene Land mit dem Gebäude betrieb.

Es ist wie überall: Die Tünche erfährt mehr Aufmerksamkeit als die große Arbeit, die darunter verborgen liegt. Die Fassade ist das Wichtigste, sie gibt den Schein. Dieser – und nicht das Sein – verändert das Bewusstsein. Marx steht Kopf.

Ich stellte ihn mal auf die Füße, als ich dem letzten Interview beiwohnte, das Ex-Außenhandelsminister Beil einer Journalistin gab. Dass es sein letztes sein würde, war niemandem am Tisch bewusst, das ihm das Letzte abverlangt wurde, spürte ich wohl. Die Fragen kamen aus der untersten Schublade, Gerhard Beil blieb wie gewohnt höflich. Im Unterschied zu mir, der ich es als Unverschämtheit empfand, dem Manne mit so viel Blödheit die Zeit zu stehlen. Die Dame um die Dreißig, »Parlamentskorrespondentin« eines Provinzblattes, schwadronierte über das Ende der DDR, worauf ich einwarf, ob sie allen Ernstes glaube, dass diese Bundesrepublik ewig bestünde. Sie müsse sich nur die letzten zwei Jahrtausende Geschichte anschauen und würde feststellen, dass selbst Weltreiche nur temporär existiert hätten. Die Lebensdauer von Staaten sei zwar verschieden, aber immer endlich. Auch diese BRD werde eines Tages vielleicht sang-, aber gewiss nicht klanglos im Orkus verschwinden.

Darauf schaute mich die Dame entsetzt an, als hätte ich ihr ein unsittliches Angebot unterbreitet, und erhob sich zu meiner und Gerhard Beils Erleichterung, um uns zu verlassen. Diese Vorstellung vom Ende der BRD schien ihr völlig absurd und gewiss auch ketzerisch, undenkbar der Gedanke, dass diese Bürokratenrepublik Deutschland zusammenkrachen könnte und mit ihr die EU und der ganze Kapitalismus, auf dem alles fußt. Und dabei wetterleuchtet es bereits am Horizont. Aber die Hüter der Moral in der Vierten Gewalt sind bekanntlich immer blind.

Lassen wir also die westdeutschen Pharisäer in ihrem Wahn unerschütterlicher Überlegenheit. Wir werden ihnen nicht mehr den Glauben nehmen können, sie hätten uns Ostdeutschen das Essen mit Messer und Gabel beigebracht. Wie sie uns eben auch gelehrt haben, bei Tisch nicht zu rülpsen, in der Nase zu bohren und in Einbahnstraßen nur in eine Richtung zu fahren.

Kurt Pätzold, ein international anerkannter und geachteter Faschismusforscher aus Berlin und einst Lehrstuhlinhaber an der Humboldt-Universität, leitete aus der böswilligen Behauptung, im Osten habe es eine »Wissenschaftswüste« gegeben, den Titel für einen Erinnerungsband über seine Zunft ab: »Wir Wüstensöhne«.

3. Unter jenen, die im Osten einfielen, waren nachweislich auch Kriminelle, die sich ostdeutsches Eigentum, ob gesellschaftliches oder privates, unter den lackierten Nagel rissen. Klaus Huhn stellte einige vor. Auch, wie diese mitunter vorm Kadi endeten. Das war mancherorts Anlass, das Loblied auf den bürgerlichen Rechtsstaat anzustimmen. Und zu erklären, dass es sich um einzelne schwarze Schafe gehandelt habe, keineswegs um eine Herde oder gar Heerscharen von Banditen.

Selbst wenn es sich nur um wenige gehandelt hätte – was die Statistik aber überzeugend widerlegt –, stellte sich trotzdem die Frage: Woher kommt das? Wieso glaubt ein

Hallodri, der in seinem Leben bislang nichts Ordentliches zustande bekam, er könne es bei den Wilden jenseits des Harzes schaffen? Woher diese kriminelle Energie, dieses Selbstbewusstsein, alles zu können, obwohl man nichts kann? Und das trotz diverser Vorstrafen und schlechtem Leumund. Vom Unternehmer bis zum Ministerpräsidenten, vom Museumschef bis hin zum Rektor einer Musikhochschule: nichts ist unmöglich. Und dabei immer schön das qualifizierte Ostpersonal weggebissen, diese Ausgeburten des »Unrechtsstaates«. Notfalls findet man eben etwas in den »Stasiakten«. Wozu gibt man schließlich rund 100 Millionen pro Jahr für diese Behörde aus?

Es waren nicht wenige, sondern viele, die sich im Osten breit machten und den Landstrich wie einen Selbstbedienungsladen nahmen und auf Gesetze, alte wie neue, munter pfiffen. Das ist doch normal in einem Staat, der auf der privaten Aneignung von gesellschaftlich erzeugtem Mehrwert gründet. Oder deutlicher formuliert: Wenn die Art zu wirtschaften kriminell ist, muss sich niemand wundern, wenn sich der Einzelne ebenfalls kriminell verhält. Die Sache wird erst auffällig, kriegt dieser oder jener dabei den Hals nicht voll. Das ist ja das Schicksal der Emporkömmlinge, der Parvenüs: Sie kennen kein Maß und keine Manieren. Und damit sind sie auffällig. Millionen und Milliarden, das will die Standesregel, scheffelt man nämlich bescheiden im Verborgenen. Man zeigt sich und seinen Reichtum nicht. Theo und Karl Albrecht kannte kaum einer, die Brüder waren dennoch die beiden reichsten Männer Deutschlands.

»Die Überschriften aus dem Februar dieses Jahres (*2010 – F. S.*) waren symptomatisch: ›Karl Albrecht vermutlich 90 Jahre‹, hieß es da. Oder: ›Geburtstag eines Phantoms, das heute 90 werden soll‹. Es hieß ›werden soll‹ und nicht ›wird‹ – denn genau wusste niemand, ob der legendäre Gründer des Discount-Riesen Aldi überhaupt noch lebt. Das gleiche galt […] für seinen am vergangenen Samstag verstorbenen Bruder Theo Albrecht, von dem ebenfalls weder das genaue Geburtsdatum noch sein Wohnort bekannt waren«, schrieb der *Spiegel* am 29. Juli 2010 zum Tode Theo Albrechts.

Und im Nachruf des Unternehmens, der wie das Kommuniqué über das Ableben eines Monarchen beginnt, heißt es bereits im zweiten Absatz: »Als Unternehmensgründer und Pionier im Discounthandel prägte Theo Albrecht jahrzehntelang die Geschicke unserer Unternehmensgruppe, entwickelte eine Unternehmensphilosophie auf Basis klassischer Kaufmannswerte und initiierte mit dem ALDI-Prinzip ›Qualität ganz oben – Preis ganz unten‹ tief greifende Innovationen im deutschen Einzelhandel. Dem in den 60er Jahren von ALDI eingeführten Discountsystem ist es zu verdanken, dass hochwertige Lebensmittel und Konsumgüter für alle Verbraucher in Deutschland erschwinglich wurden.«

Nicht wenige hierzulande sind tatsächlich froh, dass es ALDI gibt, weil sie sich den Einkauf in teuren Geschäften nicht leisten können. Gleichwohl die Existenz der Kette durch die Eigentümer als selbstlose Wohltat zu verkaufen, ist schon ein starkes Stück. Der Gewinn ist immens, den man mittels Preisdruck auf Lieferanten und Produzenten einfährt. Und trügen die Hartz-Vierer und Aufstocker, die Arbeitslosen (die heute beschönigend nur noch Arbeitssuchende genannt werden) und Kurzarbeiter nicht die umgeleiteten Steuergroschen in diese, sondern in andere Supermärkte, verflöge rasch der vermeintliche Altruismus der ALDI-Eigner.

Schneider & Co. setzten nicht auf das berühmte Kleinvieh, das auch Mist macht, sondern sie wollten alles sofort und das in großen Scheinen. Kleckern statt klotzen. Das eine Vorgehen aber war und ist so kapitalistisch wie das andere, es sind die gleichen Produktionsverhältnisse.

Die flächendeckende Reprivatisierung des Ostens war der in Bonn und anderen Firmenzentren ausgegebene

Klassenauftrag. Und so handelte man eben. Klassen-mäßig. In diesem Punkt hatten die Wessis den Ossis wirklich etwas voraus: den Klasseninstinkt. Wie weiland in den Kolonien erfreute man sich hier der bunten Glasperlen und des glitzernden Tands, die wie die Kronjuwelen huldvoll überreicht wurden.

Bevor es im *Spiegel* 49/1989 erschien, hatte mir Stefan Heym seinen Essay gegeben, dass ich ihn in der *Jungen Welt* veröffentlichte, was ich im November 1989 auch tat. Nachdem der Quatschkopf Schabowski die chaotische Öffnung der Staatsgrenze provoziert hatte und die Massen in den Westen strömten, schrieb sich der Schriftsteller den Unmut von der Seele. Er mokierte sich über den konsumgeilen Mob, »eine Horde von Wütigen, die, Rücken an Bauch gedrängt, Hertie und Bilka zustrebten auf der Jagd nach dem glitzernden Tinnef«. Das trug dem alten Mann damals viel Prügel ein, und auch der Vorwurf brach durch: Der war ja oft genug drüben! Ja, das stimmte. Aber die von ihm beschriebene Würdelosigkeit empfanden später auch die meisten, als sie die damals weggeworfene Würde wieder zurückhaben wollten. Da aber war es jedoch zu spät, sie hatten bereits CDU gewählt, der BRD einen Blankoscheck erteilt und die DDR beerdigt. Gut, diese wäre vermutlich auch so untergegangen. Aber vielleicht nicht auf diese billige, jämmerliche Weise. Man kann auch in und mit Würde sterben.

Berichte wie die von Klaus Huhn machen wütend. Sie offenbaren, welchem Gegner wir unterlagen, und sie halten uns den Spiegel eigenen Versagens vor. Es ist wie bei einer Fußball-Tournier. Von jener Mannschaft rausgekickt zu werden, die am Ende Weltmeister wird, ist keine Schande. Wohl aber, wenn man in der Vorrunde einem Gegner unterliegt, der keineswegs besser spielt, aber vor dessen Arroganz man sich kleinmachte und verlor.

Bei Flachzangen sollte man immer den Ball flach halten, um dann am Ende doch hoch zu gewinnen.

ISBN 978-3-360-02036-9

© 2010 spotless im Verlag Das Neue Berlin, Berlin
Umschlaggestaltung/Satz: edition ost
Cover-Foto: Archiv

Druck und Bindung: CPI Moravia Books GmbH

Ein Verlagsverzeichnis schicken wir Ihnen gern:
Das Neue Berlin Verlagsgesellschaft mbH
Neue Grünstr. 18, 10179 Berlin
Fax 01805/35 35 42
Tel. 01805/30 99 99 (0,14 Euro/Min., Mobil max. 0,42 Euro/Min.)

Die Bücher von spotless werden von der
Eulenspiegel Verlagsgruppe vertrieben.

www.edition-ost.de